JN213723

牧園浩亘

MAKIZONO HIRONOBU

教務主任の仕事

東洋館出版社

初めてでも大丈夫「安心してください」

1 教務主任は突然に

　本書を手に取られたみなさんは、現在どのような状況でしょうか。

「新年度、初めて教務主任をすることが決まった」

「数年以内に、教務主任になるビジョンを描いている」

「現在、教務主任だがわからないこともあり、もっと学びたい」

　さまざまな状況の中、本書を手に取っていただいたことかと思います。

　中には、突然「教務主任をお願いします」と校長先生から告げられ、「間近に控えた新年度、これからどうすれば……」と不安な気持ちを抱えて本書を手に取ってくださった方もいるかもしれません。私の教務主任としてのスタートもそうでした。「まだまだ学級担任として実践を積み重ねていきたい」と考えていた3月下旬に、教務主任の話をいただきました。突然のことに、「明日からどうしていけばいいのだろう」と不安だったことを今でも鮮明に覚えています。

2 ガラッと変わる環境

　教務主任になると、学級担任時代とはガラッと環境が変わります。まず、教室がありません。担任時代に教室に置いていた物をどこに移動させるのか、そんなところからのスタートです。

　とはいえ、もう4月1日は間近に迫ってきています。新年度の着任式、最初の職員会議、始業式に向けて……最低限進めておかなければいけない準備があります。何を、いつ、どこまですればよいのか。私と同じよ

うに、突然教務主任になったような方が、常に手元に置いておきたい「お守りのような1冊」になるように、本書を構成しました。

3 本書の構成

　第1章では「教務主任の仕事について」知っておきたい法規や求められるスキル、心の保ち方、管理職や教職員との連携の取り方など、教務主任として身に付けておきたい力を中心に構成しています。

　第2章では、「教務主任の年間スケジュール」と称して、実務を時系列で捉えられるように構成しています。年間の大枠を捉えながら、毎月どのような実務が必要なのかがわかるようになっています。

　第3章は、「教務主任の仕事Q＆A」です。「時間割はどのようなことに気を付けて組めばよいのか？」「儀式的行事の司会を行うときに意識したいことは？」など、仕事に取り組んでいる中で生まれてくるであろう疑問についてQ&A方式で構成しました。

　新年度スタートを間近に控えている方は、第2章から読むことをお勧めします。実務のイメージをもって準備に取り掛かれるでしょう。新年度スタートまでに、少しの時間がある方は、第1章から読んでみてください。教務主任の心がまえや求められている力を意識した上で実務に取り掛かれるでしょう。第3章は、仕事を進めている中で、疑問が生じたその都度開いていただき確認するのに活用してください。

　私の教務主任生活の場合、「教務主任か……」と、少しマイナスな思いでスタートしましたが、今では教務主任の経験を「教師としての幅を広げることができた」「やりがいがあり楽しく充実した時間だった」と心の底から思うことができています。

　きっと本書を読み終えるころには、みなさんにも同様の思いをもっていただけるでしょう。

目 次

はじめに ……………………………………………………………………… 1

第 **1** 章　**教務主任の仕事について**

教務主任の位置づけ ……………………………………………… 8

管理職との関係づくり …………………………………………… 10

教職員との関係づくり …………………………………………… 12

引継ぎで聞いておきたいこと …………………………………… 14

「学校を動かす」覚悟と楽しさ ………………………………… 16

知っておきたい法規 ……………………………………………… 18

最新の教育課題を知る …………………………………………… 20

教務主任に求められる資質 ……………………………………… 22

身に付けたいスキル5 …………………………………………… 24

抜きの技術 ………………………………………………………… 26

「こだわり」をもつ ……………………………………………… 28

教務主任理解 ……………………………………………………… 30

見えないところを見る …………………………………………… 32

ネットワークを構築する ………………………………………… 34

担任時代に思っていたことを形に ……………………………… 36

紙（神）は細部に宿る …………………………………………… 38

書類の整理術 ……………………………………………………… 40

データの整理術 …………………………………………………… 42

1日にできる仕事は3つまで …………………………………… 44

補教に入る ………………………………………………………… 46

【コラム】あなたはどのタイプの教務主任！？ ……………… 48

第 **2** 章　**教務主任の年間スケジュール**

俯瞰して全体像を把握する ……………………………………… 50

年間スケジュールを組み立てる ………………………………… 52

月間スケジュールを組み立てる ………………………………… 54

週間スケジュールを組み立てる ………………………………… 56

1日のスケジュールを組み立てる ……………………………… 58

オリジナルToDoリストを作る ………………………………… 60

【3月】4月を迎えるための準備を ……………………………… 62

【4月】職員連絡会、職員会議に向けて ……………………… 64

【4月】周知と工夫で組織がまとまる ………………………… 66

【4月】保護者、地域との関わり ……………………………… 68

【5月】次年度につながる仕事を ……………………………… 70

【6月】状況把握と未然防止 …………………………………… 72

【7月】教育課程の進捗状況確認 ……………………………… 74

【8月】フル充電で2学期を迎える …………………………… 76

【9月】リズムを取り戻す ……………………………………… 78

【10月】保護者、地域との連携を ……………………………… 80

【11月】教育課程の土台をつくる ……………………………… 82

【12月】学校評価を生かす視点を ……………………………… 84

【1月】校内環境を整える ……………………………………… 86

【2月】早めの計画で厳粛な空間を …………………………… 88

【3月】新年度を迎える準備期間 ……………………………… 90

【コラム】小中連携の結果オーライ！？ ……………………… 92

第 3 章　教務主任の仕事Q&A

教育課程の編成、ポイントは？ ………………………………… 94

年間行事を組むときの注意点は？ ……………………………… 96

宿泊を伴う行事で心がけることは？ …………………………… 98

行事のふりかえりをどのように生かすのか？ ………………… 100

時間割はどのようなことに気を付けて組めばよいのか？ …… 102

児童の転入で必要な手続きは？ ……………………… 104

児童の転出で必要な手続きは？ ……………………… 106

新１年生保護者説明会を企画するときに気を付けることは？ ………… 108

新１年生の学級編成に関わるときのポイントは？ ………… 110

子どもたちと、どう関わればよいのか？ ……………… 112

職員会議を効率的に進めるための工夫は？ …………… 114

根回しは必要か？ …………………………………… 116

職員室内は、どう設計すればよいのか？ ……………… 118

膨大な書類をどう処理していけばよいのか？ ………… 120

学校だよりは、どのような内容で構成するのか？ …… 122

教務主任だよりには、どのようなことを書くのか？ ……… 124

職員室の雰囲気づくりで意識したいことは？ ………… 126

校内研修にどう関わっていけばよいのか？ …………… 128

保護者・地域と学校がつながるためにできることは？ …… 130

学校の施設開放は何のために行っているのか？ ……… 132

電話対応では、どういうことを心がけるとよいのか？ …… 134

校区内でのトラブルにはどう対応するのか？ ………… 136

教師が知っておきたい著作権とは？ …………………… 138

儀式的行事の司会を行うときに意識したいことは？ …… 140

周年行事をどう企画するのか？ ……………………… 142

「仕事をふりかえる」とは、具体的に何を行うのか？ …… 144

日々の仕事へのモチベーションを高めるためには？ …… 146

健康管理のために気を付けたいことは？ ……………… 148

【コラム】保護者の涙 ………………………………… 150

参考文献・オススメ書籍 ……………………………… 151

おわりに …………………………………………… 153

第 1 章

教務主任の仕事について

教務主任の位置づけ

「学校を健全に動かす」ためのキーパーソン

○教務主任は校務分掌の１つ。これまで通り教諭であることは変わらない

○教職員への指導、助言に当たるためには表には現れない仕事も必要

1 「職種をお答えください」

　教務主任となった４月、私が教育センターの研修会に参加したときのことです。研修後の受講マークシートの「職種をお答えください」欄を見て、ふと疑問が湧きました。

「今までは教諭だったけど、今年から教務主任にマークするのだろうか」

　マークシートに書かれていた選択肢は以下の５つ（2015年当時）。

ア　首席・指導教諭　　　イ　教諭　　　ウ　養護職員・養護教諭
エ　学校栄養職員・栄養教諭　　　　　　オ　期限付講師

　当時、教務主任も１つの職種だと思っていた私は、教務主任は学校という組織の中で、どのような存在なのかをすぐに調べてみました。

　教務主任は、校長の監督を受け、教育計画の立案その他の教務に関する事項について連絡調整及び指導、助言に当たる。

学校教育法施行規則第44条第４項

教務主任は職種の１つとして任命されるのではなく、校務分掌の１つとして校長から命じられるのです。

つまり、教務主任もこれまでと変わらない教諭ということになります。

2 指導、助言に当たるために

教諭として、これまでと同様に、子どもたちの教育に携わりながら、「校長の監督を受け」、教職員に対しても「連絡調整及び指導、助言に当たる」ことが、教務主任には求められます。

したがって、教育計画の立案や教育課程の編成では、大前提として、校長の基本方針を十分に理解することが必要です。

そのために、私が意識して行っていたことが２つ。

・校長と会話する時間を毎日確保する
・校長の会議での発言、日常会話での話題をメモに取る

「そんな些細なこと」と思うかもしれませんが、ふとした何気ない会話に、校長としての理念や学校に対する思いが語られる瞬間があります。その言葉をメモして、瞬間冷凍しておきます。教務主任の仕事を進める上で重要なアイテムになります。「校長の監督を受け」は、教務主任の仕事を進める上で外せないわけですから。このアイテムを解凍しつつ、どう立案して形にしていくのかが、教務主任の仕事の醍醐味でしょう。

教職員に対しても同様です。「連絡調整及び指導、助言に当たる」といっても、自分より年齢も経験も上の教職員には伝えるのが難しい場合もあるでしょう。そのため、日ごろから、会話をする時間を確保したり、発言をメモしたりしながら、教職員の思いや考えを知る努力も必要です。もちろん、教務主任の考えを知ってもらうことも必要でしょう。情報を発信することも重要な仕事の１つです。このような表には現れない仕事が「指導、助言」という教務主任の仕事を可能にし、学校を健全に動かすことにつながるでしょう。

管理職との関係づくり

1 翻訳して伝える

年度初めの職員連絡会。

校長から教職員に向けて、所信表明が行われるでしょう。そのとき、どのような内容の話がされたのかを記録しておき、1年間を貫く学校の柱として、形にすることも教務主任の重要な役割の1つです。

ある年の年度初めの職員連絡会で、校長が話をされたのが、「チーム○○小」という考えでした。どのような思いをもって校長が話をされたのか、当時の私のメモには次のように記録されています。

・今年度は「チーム○○小」を掲げていく
・職種、学年間を越えた一致団結の体制
・「一人はみんなのために、みんなは一つのために」
・1つの目標のために、チームとして取り組んでいく
・教職員全体で子どもたちを見守っていることを、保護者・地域にもわかる形で発信していく

校長の発言の意を汲み、学校組織や校務分掌、日々の授業から学校行事に至るまでを、意味づけたり価値づけたりして情報を発信するのも教務主任の役割です。

「校長の監督を受け」とは、ただ受け身で校長の指示を仰ぐだけではな

く、校長の指示や発言を解釈し、教職員全体、果ては保護者や地域までを巻き込めるように翻訳して伝えるということです。

　そのための方法として、例えば、会議の場であれば「本案件は、複数学年にまたがった児童支援の体制をとっております。これは『チーム○○小』の考えに基づいたものであり……」と、発言の際には一言添えることもできます。また、保護者に向けて「学校だより」に「チーム○○小」と記載し、どのような取組がなされているのか、毎月情報を知らせることもできます。学校協議会など保護者・地域との会議の際にも、必ずこのスローガンを冒頭に紹介した上で説明していました。

　このように、情報発信を行うためには、日ごろから校長と会話し、記録を取り、自分なりの考えをもつことが求められるでしょう。

2　副校長、教頭との役割分担

　もう1人の管理職、副校長、教頭との関係づくりで意識したいことは**情報共有、意思疎通、役割分担**です。情報共有、意思疎通に関しては、校長同様に、日ごろからのコミュニケーションが重要です。

　役割分担とは、教務主任だからできること、教頭だからできることを意識するということです。教務主任ができるのは「**連絡調整及び指導、助言**」であり、「命令」ではありません。組織として、ときには管理職が職務命令を行う場面も出てきます。職務命令に対して、みなさんが気持ちよく業務を遂行するために、管理職と教職員の間のワンクッションの役目を果たすのが教務主任。まったく何も知らされていない状況で、突然の職務命令が下されると混乱が起こる場合もあるでしょう。ですので、校長の考えを、教頭と共に理解した上で、「今回は、私から学年主任に○○の話を事前に伝えておきます」「教頭先生から□□の話は会議の場で伝えていただけますか」などと、役割分担を図ることが重要でしょう。

　教頭との情報共有、意思疎通が、円滑な組織運営には欠かせません。

教職員との関係づくり

双方向の関係を「念には念を」の精神で

○ 「伝えただけでは伝わらない」。伝わるための策を考えよう

○ 「〜したつもり」をなくす工夫。小さな積み重ねが関係を堅固に

1 「もっと早く伝えてくれていたら」

　学校行事の1つである、「作品展」に向けての準備での出来事です。

　開催の数日前、講堂に作品を展示するための時間を、学年ごとに割り当てていました。職員会議で作品展の案件を出した際に日時を明記していました。その後、管理作業員や図工部の先生方の尽力もあり、当初よりスムーズに準備が進んだため、予定の日よりも早く展示準備を行ってもらうことが可能になりました。よかれと思った私は、「予定よりも準備がスムーズに進んだため、当初の展示予定日よりも早くに展示していただくことも可能です。各学年のご都合に合わせて展示準備にかかってください」と、職員連絡会で伝えました。

　そして、当初の展示予定日を迎えました。元々の予定通りに展示準備にかかろうとした先生が、一部の学年が既に展示を済ませているのを見て、次のように言ったのです。「いつから準備が可能だったのですか。もっと早く伝えてくれていたら、私も早くに準備を進めておいたのに」

　私としては伝えたつもりが、全体にはうまく伝わっていなかったのです。この出来事に限らず、同様のケースは"学校現場あるある"ではないでしょうか。

2 　千丈の堤も蟻の一穴より崩れる

　管理職同様、教職員との関係づくりでも日ごろのコミュニケーションが重要であることは言うまでもありません。しかし、現在でも「コミュニケーション」に関する書籍が続々と出版されている状況を見ると、人と人とがコミュニケーションをとることは、相当難しいといえるのかもしれません。そこで私が意識していることは、

・人と人とは「わかり合えない」が前提

・伝えただけでは伝わらない

という考え方です。極端かもしれませんが、「わかり合えない」が前提だと思っていれば、チームとして円滑に仕事を進めていくために、どのような工夫を行えばよいのかの考えが生まれます。口頭で伝えるだけで十分という考えもあれば、案件に変更があれば追加資料が必要だという考えもあります。教務主任として、どの方がどのような考えをもとに仕事を進めているのかを知るのも、大切なことの1つでしょう。

　例えば、先ほどの出来事であれば、

・口頭で伝えるだけではなく、**職員室黒板に準備期間を明記**する

・「展示準備、みなさん進んでいますか」と**職員室で話題**にする

・展示準備の進行状況を、校内掲示板などを活用し**見える化**する

「～したつもり」は極力排除し、「念には念を」の精神で、あの手この手と策を尽くす。些細なことかもしれませんが、この積み重ねが、教職員間の双方向の関係をつくり、円滑な組織づくりの後押しをしてくれるでしょう。逆に、「これだけのことで」教職員間がぎくしゃくすることもあります。次のことわざを心しておきたいものです。

「千丈の堤も蟻の一穴より崩れる」

　千丈もある堅固な堤も、小さな蟻の穴が元で崩れることもある。ちょっとしたボタンの掛け違いが、教職員間の関係を大事に至らせることもあるかもしれません。蟻の一穴を見逃さない目をもって、教職員間の関係を堅固にしていきたいものです。

引継ぎで聞いておきたいこと

過去の資料を見返して、先を見通す

○過去の資料やデータがどこにあるかを聞いておけば、一安心

○「先を見通す」ため、具体的に何を行っていたのかも聞いておきたい

1 まずは何より資料やデータを

　教務主任になったときに、まだ前任者が在籍していれば、当面はあれこれ聞きながら仕事を進めることができます。しかし、前任者が転勤の場合もあります。そうしたときには、引継ぎの時間も限られます。限られた引継ぎ時間で聞いておきたいことを、5点に絞って挙げてみました。

①過去の会議資料や教務主任が扱うデータがどこにあるのか

②新年度スタートまでにしなければいけないこと（優先順位）

③校外学習や学校行事等で事前予約、申込みが必要なもの

④行事予定の組み方の根拠となる考え方

⑤教務主任になってよかったこと、大変だったこと

「人は人生の大半を探し物に時間を費やす」とは言い過ぎかもしれませんが、どこに何があるのかを把握しているだけでも、教務主任としての新年度、順調なスタートが切れるでしょう。とにかく新年度は時間との戦いです。迫りくる始業式に向けて、その多くは資料作成や手紙作成に時間を費やすことになるでしょう。学校でもデジタル化が進み、過去に比べると探し物に費やす時間は格段に減ったかもしれません。それでも、

資料やデータがどこにあるのかを引継ぎの段階で聞いておくのと聞けないのでは大きな差ができます。必ず聞いておきましょう。よほどのことがない限り、昨年度と同じ資料やデータを転用できます。教務主任としての自分の色を出すのは後からでも可能です。

2　行事予定は学期分まとめて

　私が教務主任になったときは、前任者含めて複数の教務主任の方から、心得ておくべきことを聞く機会にも恵まれました。そんな中、どの方からも共通して聞いた言葉が、

「常に先を見通して」

でした。ある方は「1つの行事を決めたら、そのときに同じ行事については翌年分も行事予定にも組み込んでいく」、またある方は「4月の職員会議で1学期分（7月まで）の行事予定を、8月の職員会議では2学期分の行事予定を、行事予定は学期分まとめて出す」と教務主任が先を見通す大切さを説いてくれました。前頁の②③は、この考えに基づいています。新年度までにしておかなければいけないこと、学校外への事前予約や申込みが必要なものを引継ぎで聞いておけば、抜けや漏れがなくなると同時に、翌年の新年度ToDoリストが同時に完成することになります。ただ、④の行事予定を決めていくときに、注意が必要なことも併せて聞いておきたいです。学校によっては、校区内に土曜日も仕事をされている家庭が多く、運動会や学習発表会は日曜開催が望ましいという場合もあります。「この行事はこの日」といった学校、地域ならではの行事があるため、組み方の根拠も聞けるといいでしょう。

　⑤は、教務主任としてこれからの自分を奮い立たせるために。「膨大な仕事量に行き詰まることもあったけれど、一つひとつの行事を終えるごとに、学校を動かしている手応えを感じられた」と言ってくださった方もいました。「行事について連絡の行き違いで大変なことに」という話も。その方は、根拠となる書類は残す重要性を教えてくれました。

「学校を動かす」覚悟と楽しさ

何事も考え方次第

○何気ないことに価値を見いだすことで、仕事の醍醐味が味わえる

1 毎日が発見の連続

　p.12の作品展準備の出来事は、私にとっては「そうだったのか」と、いくつもの気付きを得られた一件でした。どのような気付きがあったのかというと、

① 「伝える」と「伝わる」は異なる

②計画の変更を行う難しさ

③ 「伝える」を「伝わる」に変換するための方法

④見えない教職員の動きを周知するのが教務主任の役割

⑤教職員個々の考え方を尊重した組織づくり

⑥自分だけの尺度で仕事を進めない

などがありました。例えば、④はどういうことかというと、管理作業員や事務職員が、自分たちの時間を割いて、物品の準備や会場設営などのできる準備を進めていてくれました。こうした方たちに感謝の気持ちを伝えるとともに、見えないところで仕事をしている方々に支えられて、私たちが教育活動を行えていることを知らせるのも、教務主任の私の役割であると気付いたのです（事前に、「予定より先に準備を進めてよいか」の相談が私にありました）。教務主任になってみて、ある本で目にした言葉が身に染みてわかるようになりました。

「仕事の95％は、外の人には見えていない」

　職員室の仕事1つとってもそうです。

　今まで、コピー機の紙やインクがいつも切れずに使用できていたのは、補充してくれていた誰かがいたおかげです。何気ないことに価値を見いだせる。学級担任時代には見えなかったことが、見えてくる。

「毎日が発見の連続」。そうした楽しさが教務主任の仕事にはあります。

2　学校を動かしているのは教務主任？

　作品展の出来事で、さらに気付いたことがあります。

⑦教務主任の采配1つで、行事を動かすことができる

⑧さまざまな情報が、教務主任のもとに集まってくる

　結果的には、私の連絡に不十分な点があったものの、行事計画を教務主任の采配で変更することができたわけです。また、「物品や設営が整ったのでいつからでも準備に入ってもらっても大丈夫ですよ」「〇年生、今日の〇時間目に準備に行ってもいいですか？」など、みなさんからの報告や相談が、私のもとに集まってきました。そうした報告や相談を集約し、計画段階から、よい運営方法、実施方法が生み出せるのであれば、修正も可能であるというわけです。

「学校を動かす」というと、教育課程の編成であったり、学校行事の新設や削減であったり、何か壮大なことを思い浮かべるかもしれません。しかし、作品展の準備のように、現存の学校行事のほんの一握りの部分に過ぎないかもしれませんが、そこをよりよくしていけるのも「学校を動かす」という教務主任の仕事と捉えられます。それだけの責務を担っていると、覚悟をもつことも必要かもしれません。

「何事も考え方次第」。自分の仕事に覚悟と楽しみを見いだすことができれば、教務主任の仕事の醍醐味を味わうことができるでしょう。

知っておきたい法規

法的根拠に基づいた教育課程を編成する

○法令との関連を理解した上で、総合的に教育課程を編成する

1 標準時数の法的位置づけ

　教務主任としての初年度に参加したある研修で、講師の方がおっしゃった言葉があります。

「時間割や行事予定を見れば、その学校の教務主任の力がわかる」

　当時は「ふーん」と思って聞いていましたが、今はよくわかります。

　2020年、小学校の中・高学年で外国語（英語）が必修化・教科化されるのに伴い、年間35時間を生み出す必要に迫られました。頭を悩ませたのは「他に減る教科がなく、週に１時間増やさなければならない」という点です。そして、もう１つ頭を悩ませた問題が「年間35時間分をどう生み出すのかは、各学校に任されている」という点でした。「全国一律に決めてくれたらいいのに」との思いもありましたが、各学校で考えなければいけない根拠が学習指導要領にあります。

　教育課程の意義については様々な捉え方があるが、学校において編成する教育課程については、学校教育の目的や目標を達成するために、教育の内容を児童の心身の発達に応じ、授業時数との関連において総合的に組織した各学校の教育計画であると言うことができ、その際、学校の教育目標の設定、指導内容の組織及び授業時数の配

当が教育課程の編成の基本的な要素になってくる。

『小学校学習指導要領（平成29年告示）解説【総則編】』（p.11）

つまり、授業時数の配当が教育課程の編成においては重要であり、それらは“各学校”の教育計画であるというのです。

学習指導要領には法的な拘束力があることは法令にも示されています。

小学校の教育課程については、この節に定めるもののほか、教育課程の基準として文部科学大臣が別に公示する小学校学習指導要領によるものとする。　　　　　　　　　　　学校教育法施行規則第52条

このように標準時数がどのような位置づけになっており、法令とどう関連しているのかを把握した上で、教育課程を編成することが教務主任には求められます。

2 標準時数の考え方

週に1時間分の時間を生み出すためには、どのような工夫が考えられるのでしょうか。例えば、学校行事の見直しで、より効果的、効率的な教育活動を行えるよう計画を立て授業時数を確保することも1つでしょう。隔週で教科を入れ替える弾力的な時間割編成も考えられるかもしれません。家庭訪問期間や学期末個人懇談期間などの、短縮時程を学校としてどのように捉えるのかの検討も必要でしょう。

しかし、単純に標準時数を確保すればよいのではありません。学習指導要領に書かれているように、“授業時数との関連において総合的”な教育計画が求められています。どのような学校の教育目標を掲げ、本年度の教育指導の重点項目を挙げているのか。そして、それらを踏まえた授業の年間配当表、主要行事の教育計画になってこそ「教育課程を編成している」といえるでしょう。

最新の教育課題を知る

アンテナの感度を高めるための工夫を

○日ごろのインプット量が、緊急時のアウトプットの質を高める

○メルマガ、紙媒体、人……いろいろな方法で情報を引き寄せる

1 学びの保障に必要な時数

　2020年、新型コロナウイルス感染症対策のため全国の学校が臨時休業となりました。新年度スタートの時期も重なり、標準時数をどう確保するのかについて、各学校が苦慮されたことは記憶に新しいかと思います。週時数の増加、土曜授業の回数の増加、長期休業の短縮など、標準時数を確保するためにどうすればよいのか、管理職や教務主任は特に頭を悩ませたことでしょう。この時期、「子どもたちの学びを保障するためには何ができるのか」は、全国的に大きな教育課題となりました。

　しかし、大きな教育課題を突き付けられたからといって、時間は待ってはくれません。各学校でできることを考えつつ、来たる登校再開に向けて学校体制を整えておかなければならなかったのです。

　このような状況下の場合、**教務主任がどのような案を、いくつ描けるのか**が重要になります。そして、いくつの案を描くことができるのかは、日ごろの「インプット量に比例」します。

　例えば、2020年4月10日に文部科学省より通知された「新型コロナウイルス感染症対策のための臨時休業等に伴い学校に登校できない児童生徒の学習指導について」には次のように書かれていました。

なお、新型コロナウイルス感染症対策のための臨時休業により、学校教育法施行規則に定める標準授業時数を踏まえて編成した教育課程の授業時数を下回った場合には、そのことのみをもって学校教育法施行規則に反するものとはされないこと

つまり、コロナ禍においては、授業時数が標準時数を下回ったとしても、そのことのみでは規則に反しないとの見解を示しているわけです。このような情報を教務主任がいち早くキャッチしていれば、案を考え、管理職や教職員と連携を図り、健全に学校を動すことができます。

2 情報を引き寄せる工夫

情報は待っていてもやってはきません。情報を引き寄せるために、自身のアンテナの感度を高める工夫が必要です。

例えば、最新の公的な教育情報を得たいのであれば、文部科学省から毎日配信されるメールマガジンに登録しておくのも方法の1つです。

文部科学省新着情報メール「新着情報メールマガジン」
https://www.mext.go.jp/magazine/
（原則1日1回配信　※土・日・祝日、新着情報がない日を除く）

教育新聞や教育雑誌などを購読するのも1つの方法でしょう。

そして、**本当にほしい情報は「人がもっている」**ことが多いです。前述のように、各校が標準時数確保に頭を悩ませていた時期、多くの情報を統合して、いち早く方針を打ち出した教務主任がいました。その方にいろいろと相談したことを思い出します。教務主任が集まる研修会でつながりをつくっておくことも情報を引き寄せるためには重要です。

教務主任に求められる資質

自分自身の教務主任像を描こう
○ 「いつも上機嫌」は巡り巡って自分にも返ってくる

1 憧れの教務主任像をもつ

　私が教員になって３年目のときです。当時の教務主任だった先生のことを鮮明に覚えています。理由はいくつかあるのですが、いつ何を聞いても笑顔で「これはね……」と、教育活動の意義や目的、具体的方法まで詳細に説明してくれたのです。説明の際も、「これらのことはね、ここに書いてあるんだよね」と、学習指導要領や校内資料をサッと出してくれたことも思い出します。知識が豊富で、資料やデータの整理整頓に長けており、教職員が求めているものを察知して、こちらが聞く前にいつも求めている情報を提示してくれていました。教務主任の先生がいつも笑顔ですから、もちろん職員室の雰囲気もよく、「教務主任が○○先生でよかった」と何回も助けていただいたことを思い出します。このような教務主任がいれば、学校も健全に動いていきますよね。

「人は描いたイメージに向かって行動する」

　理想の教務主任のイメージがありますか。憧れの教務主任像をもっておくことが重要です。私が、この教務主任の先生から学んだことは、

「いつも笑顔」「先回り」「教務主任が職員室の雰囲気をつくる」

「周囲の声や表情に気を配る」「学習指導要領に根拠を求める」

「資料やデータがいつでも取り出せるように整理整頓する」

これらから、教務主任に求められる資質やスキルについてまとめます。

2　いつも上機嫌

　教務主任に求められる資質について、一番目に挙げるとすれば「上機嫌」です。職員室にいる教務主任が、いつも不機嫌だったらどうでしょう。そんな職員室には行きたくないですよね。

　休み時間、どうしても聞かなければいけないことがあって職員室に行くと、教務主任がピリピリとした空気を醸し出していたら聞きたいことも聞けません。子どもたちを下校させた後、ほっと一息つきたくて職員室に行くと、苦虫を噛み潰したように教務主任が仕事をしていたら、どっと1日の疲れが増すかもしれません。

　教務主任になった途端に、「あれってどうなってましたっけ？」「明日の行事の準備についてですけど……」と、事あるごとにいろいろなことを聞かれます。教務主任が不機嫌でいたり、いつも忙しそうにしていたりすると、聞くほうも聞けないでしょう。もちろん先生方各々が、それぞれの責任において判断して行動することは大前提ですが、密なコミュニケーションを取りながら、協働して進めなければいけない仕事も多くあります。教務主任に聞けない雰囲気があったとしたのなら、肝心なところで漏れやミスが出たりして、それが学校全体のよい印象を崩すことにもつながりかねません。だからこそ、教務主任はいつも上機嫌でいて、いつでも声をかけやすいような雰囲気をつくっておきたいものです。

　周りがよく声をかけてくれることは、教務主任自身のためにもなります。「あの先生は、こんなことで困っているな」「全員に伝えたつもりが、うまく伝わっていない点があった。今度の職員打合せで再度、念押ししておこう」「いつも声をかけてくれるA先生の表情が暗いな。学級でうまくいってないことがあるのかも。声をかけてみよう」

　密なコミュニケーションを日ごろから取っているからこそ、気付けることも多くあるのです。

身に付けたいスキル5

> **スキルとして意識するから身に付けられる**
> ○ 「包括力」をもつためにも、その他4つのスキルが必須

1 スキル5

　前項で紹介したかつての教務主任から学んだことをもとに、教務主任として身に付けたいスキルを5つ挙げます。もちろん、いろいろなタイプの教務主任がいて然るべきですので絶対的な正解ではありませんし、資質や能力といえる部分かもしれませんが、身に付けられるスキルとして意識しておきたい5つです。

①包括力
②情報収集力
③計画力
④調整力
⑤精進力

　①「包括力」は造語かもしれませんが、「包括」は「全体を1つにまとめる」「大きなものを1つの括りにする」という意味があります。つまり、教務主任が中心となったり、パイプ役になったりして、教職員全体をひとまとまりにしていくような力だと考えてください。前述の教務主任のように、学習指導要領や法規を根拠にして、教職員の納得を得ながら、ひとまとまりの組織をつくっていくこともできるでしょう。また、いつも上機嫌であることから、「あの教務主任が言うならみんなでやり

ましょう」と、周囲との信頼関係を築いていくという方法もあるでしょう。

2 スキル5の順序にも意味がある

　包括していくためには、②「情報収集」が欠かせません。情報収集にも2つの側面があります。例えば、校外学習や宿泊行事における指導において、「下見で大事なことは、危険性を予見し、その点を子どもに事前指導しておくことです。いくつかの判例も出ています。それは……」と教職員全体で共有しておきたいような情報の収集、学校内だけでは得られない情報収集の側面です（情報収集方法については第1章第7節pp.20－21「最新の教育課題を知る」を参照）。

　もう1つは、学校内の情報収集という側面です。「A先生は、運動会について○○のような考えをもっている」「B学年は、『□□を運動会では行うべきだ』と発言していたな」など、誰がどのような考えをもっていたり、学年間が日ごろからどのようなコミュニケーションをとっていたりするのか、というような校内事情や教職員間についての情報収集です。

　このような情報収集が整っていれば、③「計画」段階で④「調整」が可能になります。運動会の例で考えます。今年の運動会では、体育部長が「全校競技を行いたい」との考えをもっていました。そうなると、「A先生やB学年にも、全校競技を行う意義や進行方法について事前説明を行う必要がある。体育部長と事前に資料を作成して、全体に案を出す前に部会を行っておけば、みなさんもその意義を理解して協力してくれるだろう」。このように、情報収集があって、計画、調整もスムーズに行えるでしょう。「根回し力」と言い換えてもよいかもしれません（第3章12節pp.116－117「根回しは必要か？」を参照）。

　最後に⑤「精進力」を挙げましたが、教務主任が「もっと学校をよくできないか」と、アップデートしていこうと意識しているということです。教務主任がそのような姿勢でいるからこそ、計画、調整段階などでも、指導・助言を行うことができるでしょう。

抜きの技術

簡略化して業務を効率化

○ 「抜きの技術」で、教務主任も周りも業務の効率化が図れる

1 行事予定黒板

　多くの職員室に、行事予定黒板（ホワイトボード）があるでしょう。私が教務主任になったときには、すべてチョークで書き込んだり、行事名が書かれた磁石を貼り替えたりしていました。これが結構、時間のかかる仕事だったのです。おまけに、チョークで書くと粉が飛んで、黒板周りを掃除する必要もありました。そこで、思い切って、当月の行事予定を拡大した紙を貼るように変えました。初めは「見にくいんじゃない？」「文字が小さくない」などの声もありましたが、数ヶ月続けていると、拡大掲示が当たり前になり、そのような声もなくなっていきました。

　利点もありました。行事の追加や変更があった場合、紙に赤マジックで書き込むので、その部分が目立ち、**変更部分が目につきやすくなった**のです。おまけに、月行事の空いたスペースに、**向こう３ヶ月分の行事予定を貼るスペース**もできました。必要があれば、その紙をコピーして持っていく先生方もいましたので、みんながより見通しをもって仕事に当たることができていたと思います。業務の効率化を図ることができましたし、他のみなさんにとってもうれしいメリットが生まれました。このような仕事の仕方を、「抜きの技術」と自分の中でネーミングして、もっと簡略化できて、みなさんにもメリットが生まれることはないかと

いつも考えて仕事に当たっていました。

資料1

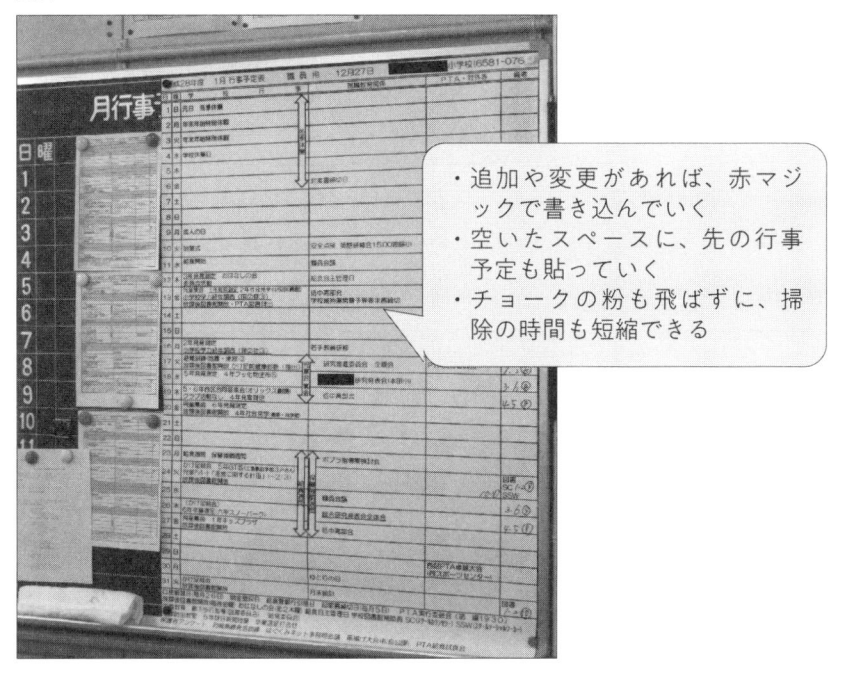

・追加や変更があれば、赤マジックで書き込んでいく
・空いたスペースに、先の行事予定も貼っていく
・チョークの粉も飛ばずに、掃除の時間も短縮できる

2 関連書類は同じ "住所" に保管

　1つの書類を作成するのに、関連して複数の書類が必要な場合があります。例えば、校外学習を行うために、計画書や交通機関に提出する書類、事務予算、給食中止などの書類が必要です。そうした関連書類は、同じ住所（書類保管場所）にしておけば、書類を探す

資料2

時間も大幅に短縮できますし、漏れもなくなります。これも「抜きの技術」といえるでしょう。

「こだわり」をもつ

その「こだわり」に意味はあるのか
○ 「何を」「どのように」こだわるのか、こだわりに意味をもたせる

1 机上を設計する

　前頁で書いたように簡略化できるところは、徹底的に「抜きの技術」を使って業務の効率化を図ります。一方で、「ここだけは……」という、仕事に対する「こだわり」ももっておきたいものです。

　例えば、職員室の机上にこだわりたいというのも1つでしょう。私の場合は、机上には何も置かないことを原則としていました（今では文房具も置いていません）。教務主任のもとには、校外からも校内からも毎日大量の書類がやってきます。机の上に物や書類が置かれている状態に違和感を覚えるくらいになるようにします。すると、机に置かれた物や書類を手に取ったその瞬間に、処理しようという意識が働きます。また、教

資料3

保管書類は
縦置きに

みなさんにお
勧めの本を並
べておく。話
題づくりに

仕事への意識
を高められる
名言日めくり
カレンダー

務主任の机は職員室の出入り口付近にあることが多いため、子どもたちや来客者にも見られることも多いです。机上を設計するこだわりは、「その場主義」「整理整頓」「職員室の顔」という意味があるのです。

2 掲示物の位置、角度

　机上の設計と関連しますが、職員室内にいくつかある掲示板も、意味を考えて設計していきます。

　みなさんがよく目にする掲示物として、時程、児童数、委員会・クラブ担当者と教室、学校のきまり、地区児童会の区割り地図などがあるでしょう。それらは関連する情報ごとに掲示しておきます。まとめて掲示することで、**誰もがいつでもアクセス**しやすくなります。

　また、教職員へのお知らせなども、下の写真のように掲示しておきます。こだわりは掲示物の角度です。書類の整理術も同様ですが、**重ねてしまうと情報は埋もれてしまいます**。少し角度をつけることで、タイトルや申込期日などが見えやすくなりますし、整理整頓されているような雰囲気も醸し出せます。たかだか掲示板の角度と思うかもしれませんが、職員室内の環境を保つために有効な方法です。

　また、「見栄え」だけではなく、「情報の更新」という面でも、掲示物をどこにどのように掲示するかのこだわりが、時間短縮に大いに役立つこともあります。

資料4

斜めに掲示することで、書類名や申込締切日などが瞬時にわかる。
情報を入れ替えるときにも有効

教務主任理解

「教職員理解」の前に、「教務主任理解」を

○ 「教務主任理解」から「教職員理解」につながるよう、情報を発信

1 「鹿児島の地震大丈夫でしたか」

　学級担任時代の話ですが、子どもから次のように声をかけられたことがあります。

「鹿児島の地震大丈夫でしたか。お母さんが心配してきなさいって」

　前日の晩に、鹿児島で地震が起きていたのです。それで、翌朝、登校してくるなり、私の実家がある鹿児島のことを心配して（実際には保護者が心配していて）声をかけてきてくれたのです。子どもだけではなく、保護者も私に関心を寄せてくれていたのだと思い、うれしくなったことを思い出します。

　このエピソードから、「教師理解」について説明することができます。ある本で「教師理解」という言葉を知ってから、私の意識が変わりました。どんな学級を担任したときにも、「子ども理解」のために、まずは「教師理解」をしてもらおうと。つまり、「私は、こんな先生ですよ」と出身地や幼少期の話だったり、「こんな考えをもっている」「みんなにこう育ってほしい」「こういう学級をつくっていきたい」という考えや思いだったりを、**私から先に発信する**ように心がけてきたのです。だから、子どもたちは私の考え方や願いを含めて、趣味や生活スタイルまでよく知っていたのです。それが、「鹿児島の地震大丈夫でしたか」という、

子どもと保護者からの心配の声につながったのです。情報を発信してくれる人には、自分のことを伝えようという気持ちになるということです。

2 「教務主任理解」のために

　同様のことが、教務主任と周囲の関係にも当てはまるのではないでしょうか。教務主任というと、「教職員と管理職のパイプ役」「教職員間の調整役」「職員室の担任」「地域、保護者とのパイプ役」など、コミュニケーションの重要性が強調されることが多くあります。では、そのコミュニケーションはどのようにとっていけばよいのでしょうか。私は、まずは「教務主任理解」だと考えます。教務主任自身が、情報を発信していくことが重要だというわけです。

　学級担任と子どもたちとの関係であれば、好きな食べ物、遊び、趣味などが、そのきっかけとなっていましたが、教職員間では、少し異なるアプローチをします。新しく教務主任になったときであれば、仕事を行う一挙手一投足が注目されます。その機会を教務主任理解に生かします。例えば、第1章10節pp.26－27「抜きの技術」や11節pp.28－29「『こだわり』をもつ」で挙げた事例のように、その仕事を行う意味を職員室での話題にするのです。

　「行事予定黒板、文字をていねいに書く自信がなくて……」「すぐに書類をあちこちに分散させてしまうので、一元化しておきたいんです」「家でも、物を置く位置が定まっていないと不安になるんですよね」

　つまり、行っている仕事の意味を伝えながら、自分の困っていることも含めて、情報をどんどん発信していくのです。教務主任から情報を発信していると、「私も実は、整理整頓が苦手で……」「私が知っている教務主任は職員室づくりを……」などと、周囲からコミュニケーションをとってきてくれるようになります。もちろん雰囲気が許せば、ときには互いの趣味や生活のことを話題にするのもいいでしょう。ふとした話題から教育の本質につながるような話になることもあります。

見えないところを見る

1 仕事の95%は見えない

　恥ずかしながら、教務主任になって初めて知ったこと（気付いたこと）が数知れずあります。担任時代には見えていなかったのです。そのことに気付けたのは、教務主任になってよかったことの１つですし、そのことを知らせていくのも教務主任の役目だと思うようになりました。

　１つの学校行事が行われるために、教職員だけではなく、保護者、地域の方、多くの方のバックアップ体制が整えられています。運動会を例にすると、「運動会実施決定・延期と連絡システム」「小雨が予想される天候での判断」「来賓案内状の発送、名簿の作成」「教職員の勤務時間の調整」「テント・入退場門の設置・固定」「開門時刻の保護者の入場案内」「近隣住民への騒音等の説明、お願い」「トイレの混雑緩和・導線の確保」「自転車置き場の確保・整理」「来賓テント内での接待、座席確保」と、挙げればキリがないのですが、このような業務に誰かが取り組んでくれているおかげで、１つの学校行事が円滑に開催することができていたわけです。第１章５節pp.16−17「『学校を動かす』覚悟と楽しさ」でも述べましたが、「仕事の95%は、外の人には見えていない」ということです。

　もちろん運動会だけではありません。日常の学校生活においても多方面に気配りをしてくれている方がいるおかげで、私たちは教育活動を行

うことができるのです。そのことに気付けば、毎日の教育活動が行えることに、感謝の念を抱かずにはいられません。

2　根はみえねんだなあ

　ある研究会で受付をしたときのことです。2月の寒い時期だったと記憶しています。校舎の外での受付でしたから、身体を震わせ、手にはカイロを持ちながらの受付でした。参加者が来る前に、実行委員長である校長先生が受付まで来られて「寒い中、悪いね。ありがとうございます」と労いの言葉をかけてくれました。後で聞くと、誘導担当や駐輪場担当など各方面を回られて声をかけてくださっていたそうです。

「見ようとしないと見えない」

　担任時代の私が気付かなかったように、95％の仕事は見ようと意識しなければ見えません。校内にも同様のケースがあります。学習参観、担任は保護者が参観する授業をどうしようかで頭がいっぱいになりますが、玄関掲示、受付、校内案内など、見えないところで仕事をしてくださっている方たちがいることも忘れずにいたいです。そして可能であれば、感謝の気持ちを言葉で伝えたいですね。管理作業員、養護教諭、栄養教諭、事務職員、支援員など、多くの職員がいます。この方々の仕事ぶりは、なかなか見えません。それぞれの業務だからと言ってしまえばそれまでですが、見えないところで支えてくれている人たちのおかげで、学校運営が行えているわけです。見えない95％の仕事に対して目を向けられるようになり、何かの機会に、そのことを教職員や子どもたちにも伝えられるような教務主任になりたいものです。

　　花を支える枝　枝を支える幹　幹を支える根　根はみえねんだなあ

　相田みつをさんの詩です。見えない根に思いを馳せられるように、日ごろから心がけておきたいものです。

ネットワークを構築する

校内外につながりを張り巡らせる

○ほしい情報の多くは人がもっている。人を頼ろう

○ネットワーク構築の強さは、日ごろの関係づくりが影響する

1 儀式的行事の壇上花をどうするか

　卒業式や入学式で、舞台上に飾られる壇上花。地域の花屋さんに依頼したり、造花であったり、各学校によって違いがあると思います。担任時代にはあまり気に留めていませんでしたが、予算を計上したり、事務職員と相談したり、業者への依頼、当日の準備、事後作業と、こうしたことにも多くの方が関わっています。壇上花をどのようなものにするのかということ1つとっても、学校のカラーが出るわけです。

　例えば、造花だったものを花屋に依頼しようと決定したとします。まったく情報のないところから手探りで、情報収集しようと思うとかなりの時間を費やします。このように新しいことに着手しようとなったときに頼りにしたいのが、人を介したネットワークです。

　第1章7節pp.20−21「最新の教育課題を知る」で、本当にほしい情報は「人がもっている」と書きましたが、同様の仕事を抱えているであろう同じ立場の教務主任に聞くのが話は早いでしょう。ネットワークにもいくつかあります。

- 同じ立場（教務主任同士）のネットワーク
- 管理職とのネットワーク
- 校内での異なる職種間でネットワーク
- 異なる業種間でのネットワーク
- 保護者、地域とのネットワーク

2 日ごろの関係がネットワークを構築する

　同じ教務主任同士のネットワークを築くためには、近隣校の教務主任が集まる会があったときや教務主任の研修会があったときに、積極的に自ら情報を発信しましょう。第1章12節pp.30-33「教務主任理解」と同じ考え方です。情報を発信する人のもとには、不思議と情報も集まってきますし、自分が困ったときに、聞きやすくもなります。

「校内での**異なる職種間のネットワーク**」からも有益な情報が得られます。子どもが参加する学校行事においては、各担任は児童看護に当たるために、担任外の教諭や教諭以外の職種の方が、児童看護以外の役割に当たることになります。壇上花の件でいえば、管理作業員同士のネットワークから、他校の情報を得ることもできるでしょう。また、教務主任と教諭以外の職種の方は、普段から職員室でコミュニケーションをとる機会が多いので、他校の教務主任とつながりが深い方もいます。そうした方々を頼って、情報を得ることもできるでしょう。

「校内での**異なる業種間でネットワーク**」「**保護者、地域とのネットワーク**」が活用できる場合には、それも1つの方法です。学校としてオープンにする情報は慎重に扱わなければなりませんが、学校だけでは得ることができないような、新たな視点やつながりをもつことができます。

　教務主任1人の考えや情報量では解決できなくとも、このようなネットワークを構築しておけばいざというときに助けてくれます。ただ、困ったときだけ頼ってもうまくはいかないため、第1章13節pp.32-33「見えないところを見る」のような、日ごろの関係構築が重要です。

担任時代に思っていたことを形に

「こうできたら」「これがあったら」を実現する

○自分がしてほしかったことを形にする

○ただし、独りよがりにならないよう、教職員の声も聞く

1 新年度の準備時間

　教務主任の仕事のやりがいの1つに、学級担任時代に「もっとこうできたらな」「これがあったらな」と思っていたことを実現できるということがあります。もちろん、教務主任の独りよがりになってはいけませんので、管理職や教職員の理解を得ながら進めていくことになります。

　「こうできたらな」の1つに、新年度準備に向けてのスケジューリングがありました。当時、新年度人事の発表が4月1日でした。可能であれば、昨年度末には新しい担当がわかっており、始業式を迎えるまでの間に、子どもに関する情報・資料の引継ぎや教材研究ができたらなと思っていました。

　人事発表を早められるように動いている中で、ある方からは、「担当がわかるのが早すぎると、1年間終わってホッと一息つく間もないわ」という意見もいただきました。「なるほど。そういう考え方もあるのだな」と、わかったことは収穫でした。自分が思っていることが必ずしもよいとは限らないということです。とはいえ、やはり多くの方にとっては、4月になってバタバタと慌ただしく始業式を迎えるよりは、少しゆとりのある年度末に準備を進められたらということでしたので、この年

は修了式の日に新年度人事を伝えられるように準備を進めました。管理職の理解や働きかけによる助けも大きかったです。

また、4月1日から始業式までの間にも、できるだけ準備の時間を取ってもらえるように、会議や打合せなども必要最小限に留めました。黄金の3日間といわれる、始業式からの3日間には、放課後の会議も極力入れないようにしました。これらは、すべて私が学級担任時代に「こうできたらな」と思っていたことを形にしたものです。

さらに、付け加えると始業式に配付する手紙類も、期日を設けて、印刷がそれ以降になる場合は、後日に配付してもらうようにお願いしました。始業式の配付物は膨大になります。配付漏れを防ぎ、配付時間が浮いた分を、学級開きのために費やしてほしかったからです。

資料5

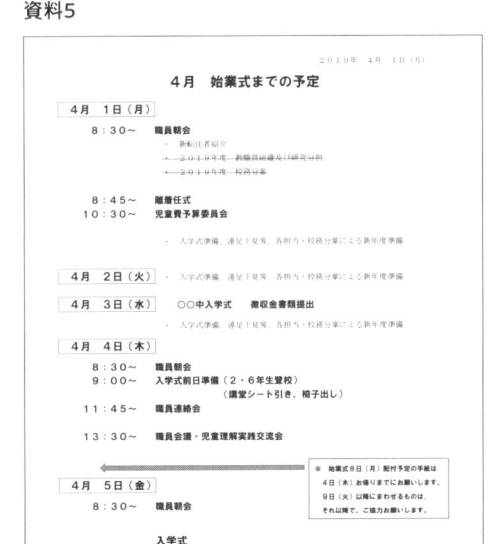

2 学習参観掲示

学習参観・懇談時に教室前に貼る掲示物も「これがあったらな」と思っていました。そのため、全学級分作成して、配付するようにしました。「こういうのがあると助かるわ」と言っていただきましたし、1回作ってしまえば、2学期も3学期も少しの労力で作成することができます。みなさんからも感謝されました。

資料6

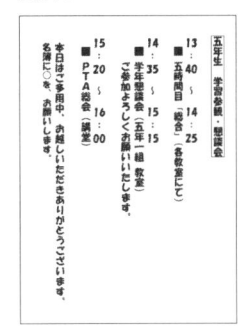

紙（神）は細部に宿る

些細なところこそ注目される
○周囲は些細な点をよく見ている。些細な点にこそ気を配れるように

1 「置き方が違うね」

　職員室、印刷機前の紙の保管場所です。下の写真を見て、何か気付くことはありますか。

資料7

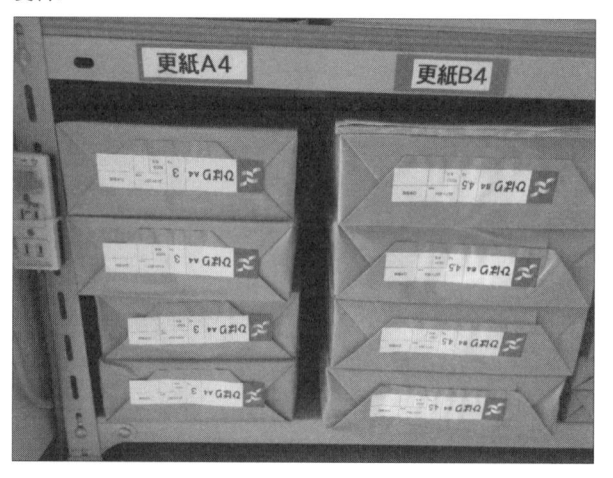

　紙の袋が逆さに置かれているのがわかるでしょうか。私が紙を補充していたときのことです。それを見ていた方から「置き方が違うね」と言われ、直されたのがこの写真です。「印刷のために紙を取り出す間も惜しいくらいみなさん忙しい。その置き方だと紙の袋を開くときに、下か

ら上に引き上げないといけないから、少し手間がかかる。上から下に引き裂くように袋を破れるように置いておくほうが、使う人はストレスなく開けられる。ちょっとの違いだけどね」と教えていただきました。「なるほど」と思うと同時に、こういうことも教えられなければ気付かないままでしたので、素直に感謝の気持ちが湧いてきました。併せて、人は些細なところを見ているんだなとも思いました。

2　痒いところに手が届く

　次の写真も、何か気付くことはあるでしょうか。提出書類を入れるための封筒です。今では多くの書類がデジタル化されたので、紙の書類を提出する機会は減ったかもしれませんが。

資料8

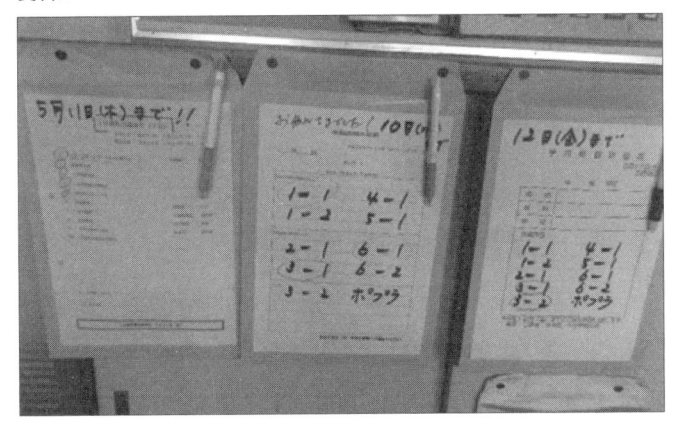

　答えは、封筒に、ボールペンをひっかけているという点です。席を立ち、書類を提出して、提出済みであることがわかるように○で囲むようにしていたのですが、ペンが無くて自席まで戻ってペンを取っている姿を見かけたことがありました。これは申し訳ないなと思ったので、ペンをひっかけておけば、すぐに○もしてもらえるようにした工夫です。工夫と呼んでいいのかはわかりませんが、こうした些細なところに気を配れることも大切なのかもしれません。まさに紙（神）は細部に宿るです。

書類の整理術

> ３年分の職員会議資料 ＋ ２年分の資料
>
> ○過去３年分の職員会議資料はいつでも目を通せるようにしておく

1 「誰かが持っている資料は……」の「誰か」になる

　学校現場でも、ペーパーレス化が急速に進み、以前と比べると紙の書類も減ってきました。とはいえ、まだまだ紙に頼らざるを得ないケースもあります。教務主任になる前は、誰かが持っている紙の資料は、自分が持っていなくても大丈夫だと思って、受け取って瞬時に保管するか否かを判断していました。いざとなったら教務主任に見せてもらえばいいやと思っていましたが、その教務主任に自分がなってからは、そういうわけにはいきません。今度は、自分が聞かれる立場です。**いつ、何を聞かれてもサッと資料を取り出せるように整理しておく必要があります。**

　まず準備したのが、パイプ式ファイルです。過去３年分の職員会議資料をファイルに綴じ、時間があれば目を通すようにしました。３年間の行事予定、主要行事について、毎月どのような案件があったのか、３年分を頭に入れておけば、対応できます。教務棚に３年分の案件があ

資料9

ることを周知しておけば、みなさんにも活用してもらえます。また、紙ならではの利点としては、書き込みも目にすることができる点です。紙への書き込みから、追加、修正点としてどんなことがあったのかまでふりかえることができます。

2 隔年行事を確認するために

　その他、みなさんに重宝されるのが、校外活動計画や「学年だより」などの資料です。中には、隔年で実施されるものもあるので、2年分をファイルに入れて並べておきます。

　これらは紙ファイルに整理しておくのですが、昨年度は赤色、今年度は緑色のように、**年度ごとにファイルの色を統一して整理**しました。パッと見たときに、どの年度の資料なのかがわかりやすく、みなさんにも好評でした。第1章10節pp.26-27「抜きの技術」で紹介した、関連書類を同じ住所にといった書類も、これらのファイルの隣にセットで置いておくようにしました。

資料10

　書類の整理術、最大のポイントは「**後でやろうの後はいつになってもやってこない**」ということです。つまり、「**その場主義**」です。受け取った瞬間、完了したそのときに、すべてファイルに綴じておくということです。紛失も防ぐことができます。

データの整理術

作成時点で、決められたフォルダに保存

○時系列で一元化できるように、データ名を工夫する

1 フォルダに付番して分類する

　教務主任ともなれば扱うデータも膨大です。すぐにデータの在りかがわからなくなります。検索機能を活用すればよいのですが、大量ゆえに検索ですら時間がかかることがあります。そのため、データをどこに保存するのか、工夫して分類します。

　例えば、付番された順に並ぶという機能を生かして、「10番台は子どもに関するデータ、20番台は配付物関係、30番台は行事関係……」と

資料11

01 職員会議 提案	21 手紙
02 年度初め予定 行事 プリント	22 保護者配付プリント
03 入学式・卒業式	23 学校だより
04 始業式 終業式 修了式 離任式	24 各種表示
05 年間指導計画	25 ホームページ
06 運営に関する計画	26 携帯連絡網
07 校務分掌	27
08 時間割	28
09 教室配置	29
10 児童名簿	30
11 緊急連絡網	31 学校行事
12 学級写真	32 地域行事
13 指導要録	33 PTA行事
14 生活指導 個別ケース	34 予算
15 特別支援	35 総括会提案事項
16 通知票	36 PTA実行委員会
17 教科書関係	37 学校評議会
18 教材使用届	
19 安全点検	

付番してフォルダに整理します。紙の書類同様、後でやろうと思わないこと。とりあえずのデスクトップ保存は、データが散らかる原因になります。データ作成時から、分類されたフォルダに保存しましょう。

2 配付物は時系列で漏れをなくす

　保護者への配付物などのデータは、ファイル名に日付を入れて、時系列に並ぶよう保存しておきます。

　学校だよりは、学校だよりフォルダに、家庭訪問は家庭訪問フォルダに最初は分類していました。しかし、配付時期直前になって、管理職からまだ配付されていないことを指摘されて、慌てて配付したことがありました。配付物すべてを時系列で一元化しておけば、こうした漏れは防ぐことができます。

資料12

- 20160408 4月 下校予定時刻のお知らせ.doc
- 20160408 4月 学校だより.doc
- 20160408 4月 学習参観学級懇談会.doc
- 20160408 メール連絡網 サービス登録希望調査用紙.docx
- 20160408 メール連絡網 加入の流れガイド・スケジュール.doc
- 20160408 家庭記録票.doc
- 20160408 家庭訪問のお知らせ.docx
- 20160408 離着任のお知らせ.doc
- 20160411 1年 保護者札.docx
- 20160411 1年 保護者札配付について.doc
- 20160413 1年 集団下校について.docx
- 20160418 家庭訪問.xlsx
- 20160418 家庭訪問のご案内.docx
- 20160418 学校説明会資料 表.docx
- 20160418 学校説明会資料 裏.doc
- 20160419 メール連絡網 テスト配信のお知らせ返却.docx
- 20160420 6年 修学旅行説明会案内.doc
- 20160420 放課後図書館開放について.docx
- 20160427 5月 学習参観 PTA予算総会.doc
- 20160428 5月 下校予定時刻のお知らせ.doc

　データ作成でのひと工夫を挙げるとすれば、毎年変更しなければいけない部分（日付など）は、赤文字にしておくことです。毎年繰り返されるものであれば、その赤文字部分だけを変更して配付すればよいので、ミスも減らせますし、格段に作業効率が上がります。

１日にできる仕事は３つまで

余計なストレスともおさらば

○仕事に優先順位をつけよう。そのための判断基準をもつ

○本当に必要な仕事なのか。ときには任せる、やめる判断も

1　過剰な自己評価

　私自身忘れっぽいので、毎朝必ず手帳を見ることを習慣にしています。何のために手帳を見ているのかというと、その日にやらなければいけない**仕事の確認**です。前日の退勤時に、翌日取り組みたい仕事を書き出して、１日を終えるようにしています。その習慣は現在も変わりません。ただ、変わったこともあります。書き出した**仕事に優先順位をつける**ことです。

　教務主任になりたての私は、毎日「忙しい。大変だ」と思っていました。今ふりかえると当然です。10も20も書き出したToDoリストを、すべて終わらせようとしていたのですから。それは忙しくも大変にもなります。それだけの仕事ができるはずだと、自分の力を過剰に評価していたのかもしれません。そんなときに参加したあるセミナーで、講師の方がおっしゃった言葉は今でも鮮明に覚えています。

「人が１日にできる仕事はせいぜい３つまでです」

　何でもできると思っている人が多いが、１日にできる仕事はせいぜい３つまで。３つできたら御の字に思うくらいでちょうどよいと。

　もちろん教務主任が抱える仕事は多岐にわたるので、１日３つで済まないこともあるでしょう。だからこそ、本当に自分がやるべき仕事を３

つ程度に絞り、優先順位をつけるための判断軸をもっておくということが重要になるのです。

2 子どもに関わることが最優先

　教職員が体調不良等で休んだ場合、教務主任がその学級に補教で入ることがあります。そうなれば、最優先すべきは、その学級の子どもたちを1日安全に過ごさせるということになります。**学校で行う仕事の最優先は、子どもに関わる仕事**ということになるでしょう。

　このように急な予定が入ったときにでも、判断軸をもっておけば慌てずに済みますし、後に回せる仕事であれば周囲の理解を得た上で後に回せばよいのです。教務主任はこのような突発的に対応が必要になることが多いと心しておけば、資料作成や提出書類は、**本来の締切りよりも早い締切りを自分の中で設定して**、早め早めに進めることを日ごろから意識できるでしょう。このような考えをもとに、日ごろから仕事に優先順位をつけることを習慣にして、いざというときに備えてイメージをもっておくことも重要です。

　それでも、どうにもならないことがあります。そんなときには、誰かを頼ればよいのです。ある教務主任の方がポロっと漏らしたことがあります。「担任が休んだ場合には補教に入ってくれるが、教務主任が休んでも代わりに誰かが仕事に入ってくれることはない」。そういう意味でいえば教務主任は孤独な側面もあるかもしれませんが、管理職や教職員と日ごろからのコミュニケーションが取れていれば、いざというときには誰かが助けてくれるものです。思い切って任せてみましょう。

　優先順位を考えるときも、「**本当に必要な仕事なのかな**」と、その仕事自体が必要かどうかを考えることも重要です。やらないことから決めていく、優先順位の逆の考え方です。仕事は無限にありますが、時間は有限です。すべてを行わなければという考えから抜け出すだけでも、余計なストレスを抱えずに済みます。

補教に入る

> **授業できる楽しさを再認識**
> ○担任へ負担がかからないように、可能であれば授業をさせてもらう
> ○子どもたちや教室の姿からお土産をたくさん見つける

1 「オーダー通りにします。 もし任せていただけるのであれば……」

　担任をしている教員が休んだときや出張で不在にするときに、可能な限り補教に入るようにします。もちろん学級担任や学年の意向が最優先ですが、可能であれば授業をさせてもらいましょう。

　毎日の授業が主な仕事だった学級担任時代と比べると、出勤して人の少ない職員室に座っている朝の時間に、最初は少し寂しさを感じます。補教に入る機会があれば、私は次のように声をかけていました。

「自習課題や取り組むべきことがあればオーダー通りにします。

　もし任せていただけるのであれば、何か授業をしておきますが……」

　急な休みにしろ、出張に行くにしろ、自習課題を準備するのは担任も大変です。テストやプリントに取り組んだとしても、後の丸つけも負担になります。できるだけ担任の先生方が負担にならないような形で補教に入れるように提案しましょう。それは、教務主任にとっても授業ができることになり、お互いにとってもメリットがあることのように思います。

　ただ、注意したいのは担任の先生の授業進度や、やり方を踏襲して授

業を進めるということです。補教で入って、好き勝手に授業するのは、それこそ、後で担任が大変になりますので、補教に入る場合には、そうしたことをわきまえて対応することが大切です。

2 子どもたちの姿、教室環境からキャッチする

　教室に行って、子どもたちに授業するからこそ見えてくることもあります。

　子どもたちの話し方、授業に臨む姿勢、補教に入った私への接し方。また、教務主任は学校全体の子どもたちに関わることが多いので、こういう機会に名前を覚えたり、関係を築いたりできるというのも補教に入るよさの1つです。

　教室環境から見えてくることもあります。机の配置、掲示物の貼り方、本棚、ロッカー、教卓、子どもたちの机上、備品の状態や壁に掛けられている物……よく整えられている場合もありますし、そうでない場合もあります。教務主任は、指導、助言に当たる立場でもありますから、ときには、改善点を伝えることもあります。

　その中でも特に、私が意識していたことは、

「よい点を、できるだけ多く見つける」

　補教に入った翌日に、**担任の先生に伝えられるようなお土産を見つける**ということです。
「私が教室に行ったときに、みんなが『お願いします』と元気に挨拶してくれましたよ。日ごろから挨拶を大切にされているのですね」
「授業を開始するときに、子どもたちが机上を整理整頓して、学習環境を整えていました。授業に臨む姿勢がすてきでした」
　このように、よい点をできるだけ多く見つけた上で、改善点として伝えなければいけないことを1つに絞ると、より伝わるでしょう。

あなたは
どのタイプの教務主任！？

「仕事ができる」ばかりが教務主任じゃない

　私が教務主任になる前、教務主任に抱く印象は次のようなものでした。
「とにかく仕事ができる」

　ここでいう仕事には、いくつか考え方があります。

・実務を行うのが早い。ICT機器も使いこなして仕事をしている

・計画力がある。準備段取りがいつもスマート

・調整力がある。コミュニケーション能力に長けている

・授業力がある。授業を見て指導・助言を行うことができる

・人間力がある。周りに自然と人が集まってくる

　あなたは、どのタイプの教務主任でしょうか。私が教務主任になったときには、残念ながらどれも当てはまりませんでした。

　そんなとき、ある校長から次のような話を聞く機会がありました。

「教務主任になる人は、仕事がバリバリできるタイプとは限らない。私が教務主任に任命した人は、情報を集めてくるタイプだ」

　つまり、その教務主任のもとには、教職員や保護者の声が集まってくる（集めていた？）というのです。必ずしも「仕事ができる」から教務主任を命じられるというわけでもないのです。

　私が、教務主任になったときはミスや失敗ばかりを重ねていました。

　そんな私を見かねて、周りの教職員は、いつも私を助けてくれました。
「この人は助けてあげなければ……」。周囲にそう思わせるタイプの教務主任もいてもいいかもしれません。ミスが続くようでは困りますが！

第 **2** 章

教務主任の年間
スケジュール

俯瞰して全体像を把握する

俯瞰して全体像を把握、逆算して仕事を組み立てる

○全体を俯瞰した上で、どのように仕事を組み立てるのかを考える

○逆算して仕事を組み立てる発想で、ミスなく効率的に

1　仕事を俯瞰する

　第2章は、教務主任の実務を時系列で捉えられるように構成しました。各月の実務、重点的に取り組みたい仕事など、チェックリストにしてあります。各学校によって多少異なる点はあるでしょうが、教務主任の年間の仕事のおおよそをイメージするのに役立つでしょう。この "おおよそをイメージ" というのが**重要**だと考えています。もちろん、各月の仕事を直視して、集中的に取り組まなければいけないときもありますが、年間の全体像をおおよそイメージできていれば、**仕事と仕事をつなぐこと**が可能になります。労力が半分で済むこともあるのです。場合によっては、しなくてもいい仕事になるかもしれません。年間の仕事のおおよそをイメージする。つまり、**仕事を俯瞰した上で取り組むことが重要**なのです。

「仕事を俯瞰する」という言葉を、私は書籍などでよく目にしていましたが、具体的にどういうことなのかが、最初はわかりませんでした。イメージしやすいように、次の計算式で考えてみましょう。

【問題】計算して正しい答えを導き出してください。

$13+24+15+19+37+26+16$

　問題の数字を13から順番に、まず24を足して、次に15を……というのが、目の前の仕事を直視して、集中的に仕事に取り組むイメージです。自分のもとにやってきた仕事、その月になったからしなければいけない仕事を、順番に行っていくイメージと捉えるとよいでしょう。途中、計算ミスさえなければ、時間をかけて正しい答えを導き出せます。

　けれども、問題を見たときに、別の方法で計算した方もいるのではないでしょうか。まず、計算式の全体を見て、どの組み合わせや順番で計算をすれば簡単に計算できるかを考えてから計算する方法です。「13＋37」「24＋26」「15＋19＋16」、この組み合わせで計算すればいずれも答えが50になりますから、合計150という答えに、より早く、ミスなく辿り着くことができるのではないでしょうか。

　これが仕事を俯瞰するイメージです。教務主任の実務も同様の側面があります。まず俯瞰して、全体のおおよそのイメージをもって取り組んだほうが圧倒的に、効率的かつ正確に仕事を進められることがあるのです。

2 逆算して仕事を組み立てる

　3月に卒業式があり、4月には入学式があります。どの学校も来賓の方に来ていただくことでしょう。その際、式の案内状を送ります。仕事が俯瞰できていれば、3月の卒業式の案内状を送るときに、あわせて4月の入学式の案内状を送ることができるでしょう。2つの仕事を1つにすることができますし、送付忘れのミスもなくなるでしょう（2つの案内状を1つにして送付することが失礼に当たらないかどうかは、管理職と要相談）。

　また、年度末、次年度初めに、来賓への案内状送付があるとわかっていれば、逆算して仕事を組み立てることができます。例えば、10月や11月ごろに行われる運動会や学習発表会で来賓の方をお迎えすることがあります。年度末を見越して、案内状送付のための名簿づくりは済ませておくことができます。仕事が俯瞰できていれば、逆算して、ミスなく漏れなく仕事を効率的に進めることが可能になるのです。

年間スケジュールを組み立てる

過去を確認し、年間を見通し、未来を読む
○教務主任の初年度は大変だが、次年度以降に大きな力を発揮する

1 3年分をセットにする

　年間を通して、どのような実務を行っていくのか、具体的な内容は後の頁に譲るとして、年間スケジュールのおおよそをどのようにイメージするのかについて、その方法を述べていきます。

・3年間分の行事予定を手帳に貼っておく

　今であればデジタルで管理できるかもしれませんが、私は紙の手帳を使っていました。行事予定に関しては、常に3年分の行事予定を手帳に貼ります。昨年度の年間行事予定、今年度の各月の行事予定、来年度の年間行事予定の3年間分です。

　今年度の各月の行事予定は、新たな行事が決まり次第、その都度更新していくことになります。その際、手帳に赤文字で書き込んでいきます。赤文字で書き込んだ分は、**次年度の予定を立てる際、なぜ加筆修正したのかの根拠資料として参考に**できます。

　また、各月の行事予定を更新していきながら、昨年度の年間行事予定を見て確認をします。同時期の予定がどのようになっていたのか、今年度まだ行われていない行事や会議はないか、などです。

今年度の行事予定をExcelで作成する際に、昨年度の行事予定を確認しながら、まだ行われていないものがあれば、下部に備考欄をつくり、追記しておくと漏れをなくせます。

毎月繰り返し行われるような内容のものについては、黒文字にして、月行事予定の備考欄に記していました。また、昨年度のその月に行われていて、不定期のものについては、青文字にして備考欄に記していました。

青文字にしてあるものは、決まり次第、行事予定に組み込んでいきますし、昨年度行われていて、まだ未実施のものに関しては、管理職や学年主任に声をかけて、実施の有無を確認することになります。備考欄の根拠を周知しておけば、他の教職員も先を見通して、年間の行事を組んでいくことができるでしょう。

資料1

> 定期的に行われるものが未実施の場合削除するのではなく、取り消し線を入れる

> 毎月繰り返されるもの（黒色）
> 不定期で行われるもの（青色）

年間スケジュールを立てるために、過去の行事予定を確認しながら進めていきます。同時に、**次年度の行事予定も作成していきます。**今年度の6月の行事予定を作成しながら、次年度の6月の行事予定も作成していくイメージです。少し大変な作業であり、大枠しか決められませんが、この作業を行っておくと、次年度は年間スケジュールの具体をイメージしながら、さらに効率的に仕事を組み立てられるようになります。

第1章17節pp.40−41「書類の整理術」で述べたように、3年分の職員会議資料をファイルして、手元に置いておくのも、同様のねらいがあるというわけです。

月間スケジュールを組み立てる

毎月を細分化し、ルーティンとイレギュラーを分ける

○ 1ヶ月を2分割、さらに前半と後半を分割して仕事を組む

○ イレギュラーを減らすためには、教職員間の日ごろの連携が重要

1　1ヶ月を分割して考える

　毎月の仕事をどう組み立てていくのかについては、以下の2つを意識します。

・1ヶ月を細分化して考える
・ルーティンとイレギュラーを分ける

　1ヶ月には約4週間あるとします。

　その4週間を、分割して仕事を組み立てるという考え方です。

　まず、その月を前半と後半の2つに分割します。他の行事との兼ね合いもありますが、可能であれば月の前半に、毎月行わなければいけないような企画会や主任会、各部会、研究に関する研修会などを計画します。それらを行うためには、事前準備も必要ですから、そうなると月の前半をさらに2つに分割して、その前半を準備期間、後半を実施期間として計画を立てます。

　また、月の後半には、企画会や主任会、各部会を通して検討された内容について確認する職員会議等を配置するようにします。月の前半同様

に、後半もさらに2つに分割して、前半部に会議等を配置しておき、後半部には極力、会議等は入れないなど、先に決めておけば、みなさんも見通しをもって仕事を進めやすくなるでしょう。どうしても検討しなければいけない事項や、突発的なことが発生した場合には、空けておいた月の後半部分を活用するようにします。

2 ルーティンとイレギュラー

　毎月や隔月で、繰り返し行われることにはどんなことがあるでしょう。

・企画会（主任会）、職員会議
・PTA実行委員会
・各教科、領域部会
・研究に関する研修会
・研究授業

　会議については、かなり精選されてきていますので、職員会議は隔月または、学期に1回のみという学校も増えてきているのではないでしょうか。

　毎月ルーティンで行われるものに関しては、第2週目の火曜日、第3週目の水曜日等のように、年間行事予定を計画する際に、あらかじめ決めておけば、みなさんも見通しをもってスケジュールを立てることができるでしょう。ルーティンで行うものを軸にして、その実施日から逆算して、立案、計画していくことになります。

　一方で、学校にはイレギュラーが多いのも事実です。イレギュラーが生じた場合には、前述したように月の後半の空けておいた部分を活用します。しかし、このイレギュラーがみなさんにとってストレスになることもあります。イレギュラーは極力避けたいですし、わかった時点で早くみなさんに周知するように心がけるようにします。そのためにも、教職員からの相談や情報が、1秒でも早く教務主任のもとに来るように、日ごろからアンテナを張り巡らせたり、積極的なコミュニケーションをとったりするようにして、月間の仕事を組み立てます。

週間スケジュールを組み立てる

週終わりから「ソウレンホウ」で仕事の流れをつくる
○週終わりを、翌週を見通した相談で仕事の起点にしよう

1 週を分割して、週終わりを起点に仕事を組み立てる

　週間スケジュールも原則は、月間スケジュールと同じ考え方です。1週間を前半、後半などいくつかに分割した上で、どのように仕事を配分するのかを考えていきます。

　例えば、週の前半に管理職との打合せを行うのか、後半に行ったほうがよいのかは、学校の状況によって異なるので、各校の実態に合わせて、仕事を配置していくとよいでしょう。その上で、ルーティンをつくっていきますが、急な予定変更等にも対応できるように、少しゆとりをもったルーティンにしておきましょう。

　また、週の終わり（金曜日や土曜日）に、翌週の流れや実務を確認することも、効率的に仕事を進める上でお勧めです。週をまたぐと、「今日は何から始めるんだったかな」と、すべき仕事を思い出すための時間が取られます。週終わりに、翌週の流れを考えておくだけで、月曜からスタートダッシュをかけることができます。この考え方をもとに、金曜日を起点にした、週間スケジュールの一例を次頁で紹介します。

表　週間スケジュールの例

金曜日	・管理職との打合せ、相談（翌週の変更事項など確認） ・提出書類等の締切り確認 ・翌週の実務の確認、スケジューリング ・翌週の予定を教職員に連絡、周知
月曜日	・校内提出書類の確認、作成 ・教育委員会への報告文書確認、作成 ・行事予定、会議等の確認、調整
火曜日	・起案文書作成 ・データや書類の整理等 ・各部会、主任会の開催 ・職員会議の相談、準備
水曜日	・翌週の行事の確認、準備 ・校務分掌担当者、学年主任との相談・調整 ・提出書類等に関して、教職員への周知 ・定時退庁
木曜日	・学校ホームページの更新 ・各学級の教科の進行状況、時数の確認 ・生活指導に関する児童の状況把握、交流 ・行事予定黒板の確認 ・掲示物の確認、更新

第2章　教務主任の年間スケジュール

2　迷ったら「相談」

「ホウレンソウ（報告・連絡・相談）」という言葉がありますが、私は「ソ
ウレンホウ（相談・連絡・報告）」を心がけていました。予定変更や新た
な仕事の対応が必要になったときに、まずは自分で考えます。自分で考
えた上で、可能な限り早く、相談できる人に相談するようにしていまし
た。すると、意外と簡単に物事が解決することも多くありました。また、
相談した時点で、複数人が、その内容を知ることになりますから、その
後、関係者への連絡もしやすくなります。

　週終わり起点のスケジュールで、金曜日に管理職との打合せの時間を
取ることは、相談しておくことで、翌週の実務がスムーズに組み立てら
れるからです。このときまでに、相談したいことをまとめておき、相談
できるようにしましょう。

１日のスケジュールを組み立てる

１日の流れをイメージして、朝をスタートさせる
○仕事終わりに翌日をイメージする。バッファもつくっておく

1 　出勤と同時に退勤の準備をする

　週間スケジュールでの考え方を、１日のスケジュールを考えるときにも生かします。

・退勤時に、翌日の流れと実務をイメージして仕事を終える

　朝出勤した時点で、思い出さずとも、やることがわかっている状態をつくります。そのため、１日の最後は翌日の仕事の見通しをもっておく、というのが毎日のルーティンになります。また、次の考え方も意識します。

・出勤と同時に退勤の準備をする

　どういうことかというと、「今日は、ここまで済めば終わり」というデッドライン（締切り）を自分の中で決めるのです。「ここまで済めば」の"ここまで"も３段階くらいに分けておくとよいでしょう。自分の中で判断軸をもっておき、優先順位を考えるというわけです。

A	→	ここまでできれば御の字
B	→	ToDoリストに挙げたことができた。先送りもあってよし
C	→	最低限しなければいけない仕事

　1日のルーティンの中に、Cの仕事をする時間は最低限確保するようにします。終わらなければ、全体が困るような仕事をする時間です。その仕事が早く終われば、「Aの仕事（自分がしたい仕事）ができる」と思って取り組むようにすると、仕事へのモチベーションもアップします。

　午前中はCの仕事、終わればBの仕事、それらが終わればAの仕事というように、自分が置かれている状況に合わせて、1日のスケジュールを組みます。

2　バッファ（余裕）をつくる

　第1章で述べたように、子どもの対応や急な補教など、突発的な対応が多いのも教務主任の特徴です。次のことも意識しておきましょう。

・スケジュールを詰め込み過ぎない

　補教、急な来客、予定変更、生活指導対応……予期せぬ時間でも対応できるように、1日の中にバッファ（余裕）も確保しておきましょう。

　1日のスケジュールは、7割程度を埋めるイメージで考えておきます。もちろん、10割で仕事をする日もあるでしょう。でも、毎日が10割だと、予期せぬ時間が生じたときに、「こんなに忙しいのに……」と、精神的ダメージも大きくなります。7割程度の仕事を進めるイメージで、1日のルーティンが組めるようになると、少しは余裕があるので、突発的なことにも心穏やかに対応できます。

　また、**毎日架空の会議を入れる**という考えもあります。例えば、16時から30分間の会議を設定。実際には、存在しない架空の会議です。仕事が伸びたりしたとき、この架空の会議時間を使います。もし、仕事が予定通りに進めば、この30分間は好きな仕事をする時間に使えます。

オリジナルToDoリスト
を作る

ToDoリストで毎日の仕事に流れを

○ToDoリストを作り、1日数分を毎日のルーティンにしよう

1 1日の主な流れ

　年間スケジュールから1日のスケジュールへと述べてきましたが、共通するのは「全体像の把握」。そのために、日々「確認を徹底する」ということです。そして、仕事がはかどる時間帯、停滞する時間帯は、学校や人によってぞれぞれだと思いますので、そうしたことを踏まえて、1週間、1日の時間を分割して、自分自身のToDoリストを作ってみましょう。以下、一例として紹介します。

表　ToDoリスト例

出勤後	□教職員への連絡、周知事項確認 □職員室のルーティン（次頁参照）	
午前Ⅰ	□教職員の動静確認 □職員朝会 □提出書類等の作成	□予定変更等の確認 □児童の出欠席の確認 □起案文書作成
午前Ⅱ	□行事、校務分掌等の仕事の確認 □校内巡視	 □授業観察
午後Ⅰ	□メールチェック □先を見通した仕事	□各種打合せ
午後Ⅱ	□ホームページ更新 □校内巡視	□下校状況の確認 □会議、打合せ、相談等
放課後 退勤前	□管理職への相談、報告 □翌日の予定確認	□行事予定黒板、翌日分記入 □机上整理

2 まとめて数時間ではなく、毎日数分

　担任時代であれば、出勤して教室に行き、換気を行ったり、掃除を行ったりして教室環境を整え、子どもたちを迎えていたことでしょう。教務主任になると、教室がありません。そのため、職員室や資料室、倉庫を自分の教室だと考えて、日ごろから環境を整えることを心がけます。

　ポイントは、

「まとめて行うのではなく、1日数分を毎日行う」

ということです。毎日「あれもしなきゃ」「これもしなきゃ」と考えずとも身体が動くくらいに、1日のどこかにルーティンとして組み込みましょう。毎日の積み重ねで習慣化できます。教務主任が、必ずやらなければいけない仕事ではありませんが、1日の大半を過ごす職員室を、自分もみんなも居心地のよい場所にすれば、仕事も効率的に進められるようになるはずです。

```
【職員室のルーティン】
□行事黒板清掃          □シュレッダー、ゴミ出し
□印刷用紙の残り枚数を確認   □コピー機の紙補充          □プリンタ紙補充
□コピー機を拭く        □職員室のほうき、ぞうきん
□机上、引出し整理       □教務棚の中整理          □カレンダー記入
□行事掲示の更新        □拡大行事予定の掲示（月に1回）
```

　また、子どもたちが登校してくる時間には、挨拶をしながら子どもたちの様子も見て回りましょう。学校全体の子どもたちのことを知るのも、教務主任の大切な仕事の1つです。ときには、校内巡視も行います。校内環境を確認する意味もあります。掲示物のはがれや安全点検など、気になる箇所は早急に対処して、校内環境も整えましょう。

【3月】
4月を迎えるための準備を

新年度準備に全力を注ぐ

○引継ぎを中心に行い、引き継いだ情報は共有、拡散する

1　「引継ぎ」と「情報の共有、拡散」

　本頁からは、チェックリストも交えながら、毎月の実務と重点的に取り組みたい仕事などについて述べていきます。

　なぜ4月ではなく、3月をスタートにして述べるのか不思議に思われるかもしれませんが、教務主任の打診は多くの場合、新年度を迎える前の3月上旬～中旬ごろにあるからです（例外もあります）。つまり、教務主任の仕事の特質上、なるべく早い段階で新年度準備に取り掛からなければ、4月になってたちまち学校運営が立ち行かなくなります。本項で考える実務というのは、3月中旬ごろに教務主任の打診があった場合を想定しています。

　多くの場合、新年度の4月を迎えるための準備というのは前任者が行ってくれています。**前任者からの引継ぎを中心に、新年度前には多くの実務があるということを**、この時期に知ることになるでしょう。引継ぎで聞いておきたいことに関しては、第1章4節pp.14－15「引継ぎで聞いておきたいこと」を参考にしてください。前任者が転勤して、新年度になると聞きたいことが聞けない状況も想定されるので、少しでも疑問に思った点や、不明点は遠慮せずに聞くようにしましょう。自身の年度末業務と並行して行わなければいけないので、いつもの年度末よりも多

忙さを感じるかもしれません。しかし、この時期のがんばりが、後の貯金になりますので覚悟を決めましょう。

　そうはいっても、初めての教務主任であれば、何を聞けばよいのか、何をすればよいのかがわからないものです。可能であれば、管理職や教職員と、引継ぎの情報を共有、拡散しながら仕事を進めましょう。

2　3月の実務チェックリスト

　以下の項目に関連した実務を中心に、資料等の確認、作成、修正を進めます。

表　3月の実務チェックリスト

1. 新年度初日	□職員連絡会資料 □組織図	□会議の進行、内容確認 □教職員名簿
2. 職員会議 　部会等	□年間の案件確認 □予算案確認	□4月の職員会議準備 □起案手続き
3. 教育目標	□学校経営計画 □学校評価の方法	□各種経営目標案 □学校協議会の確認
4. 教育課程	□教育課程の編成 □時間割案 □校務分掌関係	□教育計画、年間指導計画 □時数管理 □教育委員会提出書類
5. 学籍 　諸帳簿	□指導要録 □就学通知	□出席簿 □児童名簿
6. 環境	□校舎案内掲示 □職員室机等の配置	□各教室表示 □各教室机・椅子等
7. 行事	□年間行事 □入学式、始業式 □校外学習等の申込み	□4月行事の細案 □安全教室 □学習参観・学校説明会
8. 配付物 　（確認・作成）	□学校だより □入学式、始業式配付物の確認	□各学年だより確認
9. その他	□新転任者の名札・更衣室 □新転任者への学校説明 □職員写真、学級写真 □PTA総会	□職員室座席表 □出退勤関係 □教科書配付 □研修計画

【4月】
職員連絡会、職員会議に向けて

資料をそろえ、スムーズな進行を
○後手にならないよう先手を打つ。そのために必要資料をそろえる
○資料がそろっていれば、会の進行も時間内にスムーズに行える

1 必要資料をそろえる

　新年度初日、新転任者の紹介を含めた職員連絡会が行われるでしょう。また、始業式までの間に、第1回職員会議も開催されます。

　これらの会をどれだけスムーズに進行できるのかによって、入学式・始業式までにどれだけの時間が生み出せるのかが決まります。

　会を進行する中で、「あの件はどうなっていますか」「これはどういうことですか」というような疑問点や不明点が多く出されると、会の時間が延びて、十分な準備ができないまま始業式を迎える……なんてことも。そうなると、みなさんがストレスを抱えたまま新年度の子どもたちを迎えることになり、よいスタートダッシュが切れません。みなさんが気持ちよく始業式を迎えられるかどうかは、教務主任の準備、仕切りにかかっています。

　前頁のチェックリストを中心に準備を進め、自分自身もみなさんも快適な新年度スタートが迎えられるようにしましょう。そのために重要になるのが、「必要資料をそろえる」ということです。

　「あれはどうなっていますか」と聞かれて、後出し後出しで資料を出すと、書類の多い時期、何がどうなっているのかどんどん混乱を招いてし

まいます。質問が出ないような、もしくは、出たとしても「Aの資料をご確認ください」といえるように、先手を打って新年度に必要な資料をそろえておきます。自身でも内容を確認して、頭に叩き込んでおくことはもちろん、管理職にも事前に渡しておき、目を通してもらいましょう。

2 新年度スタートに向けて用意したい資料

　最初の職員連絡会や職員会議に向けて、用意しておきたい資料を以下に挙げます。これらの資料がそろっていれば、「資料でご確認ください」と、会の進行をスムーズに行うことが可能でしょう。現在では、多くの学校でペーパーレス化が進んでいるでしょうから、これらの資料を「★新年度配付資料」とフォルダに一元化しておけば、すぐにアクセスして確認してもらいやすくなります。

■教職員向け配付資料

□始業式までの予定細案	□新転任者お知らせ
□学校経営計画	□各種経営目標（運営に関する計画）
□校内組織、人事関係一覧	□校務分掌、各領域・教科主任
□職員室座席配置	□校舎配置図
□年間行事予定	□主な行事予定（土日の出勤日）
□月中行事（4～7月）	□4月行事の細案
□昨年度の校務分掌部会のふりかえり事項	
□児童数一覧	□全校児童名簿
□日課表	□標準時数一覧、時間割配当
□入学式案	□入学式準備、当日役割等
□始業式案	□始業式準備
□教科書関係書類	□教材使用届

■児童、保護者への配付物等（始業式に配付するのは必要最低限に）

□学校だより	□年間の主な行事予定
□家庭記録票	□保健関係書類（保健室より）
□離着任のお知らせ	□家庭訪問等の予定

【4月】
周知と工夫で組織がまとまる

経営方針の周知徹底、そのための工夫を考える

○学校経営計画を伝わる言葉にして、教育課程と関連付ける

○全体に周知徹底が必要なことは繰り返し行う。リストを作成し活用

1 　全体で共通理解を図ること

　新年度の職員連絡会で、まず示されるのが、

「学校長からの学校経営計画」

です。学校の教育目標を達成するために、今年度どのように経営を行っていくのか、具体的な目標と方策についての説明があるでしょう。それらを基に、どのように教育課程を編成し、具現化していくのかは教務主任にかかっています（今年度分は前年度末には編成済み）。

「学校経営計画」を具現化したものが「教育課程」になります。

「学校経営計画」（めざす学校像、学校の教育目標、具体的方策と計画）

　・３年計画などの中期目標、今年度の短期目標

「教育課程」

　・教育活動、各教科等における指導を通して育成する資質・能力

　・学校の教育目標をより明確にしたもの

　校長の学校経営計画を理解し、教職員全体に伝わる言葉で発信し、教

育課程編成を行うようにします。ある年の校長は「３Ｓ（スピード・スクラム・スマイル）」ということを新年度初日に述べました。このような伝わりやすいキーワードを用いて、学校経営計画や教育課程を意味づけて、全体への共通理解を図っていくようにしました。

2 提出、確認してもらうための工夫

　3Sではありませんが、新年度、教務主任には何よりもスピードが求められます。ただ、教務主任1人ではどうにもならないこともあり、教職員に協力を求めることが必要な仕事も多くあります。

　例えば、提出が必要な書類。これは例年決まっているものが多いので、一度リストを作っておき、新年度初日の資料とセットにして配付しておけば、抜けや漏れがなくなります。現在は、データでの扱いが主になるので、可能なら、みなさんにもデータで入力してもらいます。それだけで業務の効率化が図ることができ、よりスピーディーに新年度準備が進められるでしょう。

■4月に提出、確認する書類の一覧

□時間割希望	□研究分担
□児童数の確認	□児童名簿、連絡網の確認
□家庭記録票ファイル	□就学通知表ファイル
□教材使用届	□週案の入力方法
□校外学習等活動計画	□学習参観の予定
□教科・領域部会資料	□4月下旬職員会議資料

　第1章19節pp.44−45「1日にできる仕事は3つまで」で述べたように、子どもと関わることが最優先です。そうした旨も伝えた上で、提出書類の期限を守ってもらえるように、早め早めの周知徹底を心がけましょう。

　また、職員会議や部会等の予定や内容については、前年度1年間の案件の実績を一覧にして配付します。全教職員に配付しておくことで、担当者や提案時期を周知することになり、提案漏れがないようにしてもらえます。新転任の方には、個別に声かけもすると、より丁寧でしょう。

【4月】
保護者、地域との関わり

PTA総会、学習参観、地域での会合に向けて

○よい第一印象をもってもらうためにも、周囲の協力は必要不可欠

1 PTA総会の準備は、各方面の協力を仰ぐ

　教務主任になると、渉外担当（校外との連絡・交渉）になることもあります。担当になると、PTA実行員会やPTA総会、地域との会合、地域行事にも関わることになります。

　保護者や地域の方も、「今度の教務主任はどんな人だろう」「どのような仕事ぶりなのだろう」「子どもたちのために、私たちと協働してくれる方かな」と興味・関心をもってくれています。

　第一印象が重要です。新年度最初の会合や会議で好印象を与えることができれば、保護者、地域との連携もスムーズに行うことができます。学校の応援団になってくれる可能性も高まります。そういう意味で、教務主任の仕事ぶりは注目されていますから、最初の会に向けての準備は抜かりなく行いたいものです。

　さらに、新学期スタートに向けての校内準備と併せて、渉外業務も行います。例えば、PTA総会。4月の学習参観の日に行う学校が多いでしょう。到底、教務主任1人でなんとかなる仕事量ではありませんので、各方面の協力を仰ぐようにしましょう。資料の原案作成は教務主任、PTA役員との連絡は教頭、資料印刷や資料綴じは担外やスクールサポートスタッフなど、役割分担をして進めましょう。私が教務主任と学級担

任を兼ねていたときは、放課後、子どもたちに会場準備を手伝ってもらったこともあります。子どもたちには「自主的に学校のために働いた」という自覚をもたせられますし、私も感謝の気持ちを伝えられて、子どもとのよい関係づくりのきっかけにもなりました。

2 学校の印象を左右する４月の学習参観

PTA役員以外の保護者との初顔合わせは、新年度最初の学習参観になるでしょう。学習参観も周りの協力を仰ぎながら、以下のチェックリストを基に、環境を整えて保護者を迎えられるようにしましょう。

■４月の学習参観に向けてのチェックリスト

□各学級から参観予定を提出してもらう（昨年度実施分も周知）
□参観予定をもとに、当日の時程・教室掲示等の作成
□参観授業一覧作成（玄関掲示用）　　　　　□校舎案内図の作成
□受付準備　　　　　□受付名簿・筆記具　　　　□保護者証の用意
□校内環境の確認　　□案内板は適切か　　　　　□廊下・階段前環境
□校内放送の確認（どのタイミングで、どんな案内をするのか）
□学校説明会、PTA総会等の会場準備（同日に行う場合）
□教職員へ学校説明会、PTA総会への参加の周知

3 地域との連携は名前を覚えてもらうことから

学校行事と地域行事も密接に関わり合っています。

学校は地域に対して施設開放も行いますし、地域行事に子どもたちが参加してお世話になることもあります。保護者との関係づくり同様、地域との関係づくりも、開かれた学校をつくっていく上では重要です。教務主任はその一役を担うことになります。

職員室にいると、新年度の挨拶を兼ねて多くの地域の方が来校されます。多忙な時期ですが、仕事の手を止めて、自己紹介を兼ねて笑顔で挨拶しましょう。教務主任になると、対外的な関わりが増えます。名刺をつくっておくのも１つです。まずは、名前を覚えてもらうことから。「教務主任は学校の顔」という意識で地域の方とも関わっていきましょう。

【5月】
次年度につながる仕事を

4月の仕事をふりかえり、今後の見通しを

○ゆとりある時期。1ヶ月をふりかえり、チェックリストを作ろう

1 まずは自分を労おう

怒濤の4月が終わり、5月です。

私が初めて教務主任だったときは、何が何だかわからないまま4月が"過ぎ去っていった"感覚を覚えました。ゴールデンウイークを迎え、ようやくホッと一息ついたことを記憶しています。

「都会の喧騒を離れ」ではありませんが、まずは自分を労いましょう。休みの日には趣味に時間を費やしたり、互いに4月を乗り切った同僚と労い合ったりするのもいいでしょう。メリハリがあってこそ、仕事への新たな活力も湧いてきます。体調管理にも努めることも忘れずに。

4月下旬から5月中旬にかけて、家庭訪問を実施する学校も多いでしょう。この時期、教務主任は比較的ゆとりができます。ホッと一息ついたところで、4月の仕事をふりかえってみましょう。

5月のゆとりの時間をどう使うかで、次年度も、怒濤の4月になってしまうのか、安寧の4月を迎えられるのかが変わってきます。新年度準備のように年1回のような不定期の仕事は、そのときにふりかえったり、記録を取ったりしておかなければ、記憶が薄れてしまい、また同じことで奔走する毎日を繰り返すことになります。前頁までに挙げたようなチ

ェックリストを自分で作成したり、今後繰り返し行われるような毎月の定期業務についてもチェックリストを作ったりしておくことで、1学期後半は、余裕をもって仕事に取り組むことができるようになります。そうすれば、時間にゆとりが生まれ、本当に自分が取り組みたい仕事（子どもたちへの関わり、授業、自己研鑽など）に時間が割けるでしょう。

2 定期的な実務チェックリスト

　ひと月終えると、毎月行われるような仕事がだいたい摑めてきます。定期実務のチェックリストもこの時期に作っておきましょう。

■**定期的な実務チェックリスト**

□学校経営案に関する進行状況の確認、評価、改善案 □年間指導計画実施状況の把握
□時数管理、各教科時数管理について改善 □週案の確認、周知　　　　　　　□校務分掌の進捗状況の確認
□指導要録の変更、転出入等　　　　□出席簿の確認、月末統計の確認 □通知表についての確認
□職員会議の資料作成、準備　　　　□予算執行状況の確認 □学校評価の計画、実施　　　　　　□学校協議会の計画、実施
□保護者が関わる行事（学習参観、懇談会、家庭訪問等）計画、実施
□月行事の作成　　　　　　　　　　□次年度年間行事の作成 □儀式的行事、文化的行事、体育的行事等の計画、実施 □学習指導要領をもとに学校行事の見直し、精選
□教科書関係業務　　　　　　　　　□転出入名簿 □学校だより作成、配付　　　　　　□学校ホームページの更新 □職員室環境整備　　　　　　　　　□校内環境整備

■**5月の実務チェックリスト**

□家庭訪問の計画、実施　　　　　　□体力テスト計画、実施（体育部と連携） □校外学習の計画、実施　　　　　　□宿泊行事の手続等確認 □研究部と校内研究に関する相談、計画 □学校評価に関する計画　　　　　　□通知表作成に関する計画、周知

【6月】
状況把握と未然防止

プロアクティブ生徒指導について学校全体で共有を
○慣れがダレに転じていないか状況把握に努め、未然防止を心がける

1 6月の実務チェックリスト

　定期的な実務については、第2章11節pp.70−71「【5月】次年度につながる仕事を」を参考に、毎月確認を行い、抜けや漏れをなくします。

　6月以降は、その月特有の実務についてチェックリストに挙げながら、意識しておきたいことについて述べていきます。

■定期的な実務チェックリスト

□水泳指導の計画、実施（体育部と連携）
□救急救命講習の実施
□健康安全・体育的行事の計画、実施（体育部と連携）
□児童会の活動・行事の計画、実施（児童会活動部と連携）
□生活指導部会の実施（生活指導部と連携）
□学校協議会の計画、実施（管理職と連携）
□通知表に関する内容の確認、周知（研究部と連携）
□事務物品等の管理、発注（6月下旬〜7月は印刷物が増える）
□長期休業中の日直一覧の作成

　5月の「定期的な実務チェックリスト」を基に業務を遂行できていれば、6月も比較的落ち着いた時期といえるでしょう。

　上記のチェックリストからもわかるように、管理職や各主任と連携を図りながら、教育活動の計画を立てたり、実施したりしていきます。

　6月がどういう時期かを考えると、連携を図る中で、子どもや教職員

の状況把握に努めたり、情報共有を行ったりすることが必要になります。

　この時期の学校の落ち着きが、本当の意味での落ち着きなのかを捉えるということです。

2　慣れがダレに転じやすい

　新年度スタートから2ヶ月が過ぎ、子どもたちの緊張感がほぐれ、学級や学年集団にも慣れてくる時期です。教職員と子どもたちの関係もそうですし、私たちが仕事に取り組む姿勢にも、もしかしたら慣れからくるダレが生じているかもしれません。張り詰めていた4月と比べると、気が緩みがちにもなる時期でもあります。

　6月はそういう時期だということをあらかじめ意識できていれば、何を行えばよいのか、この時期に行うことも明確になるでしょう。

　次の考え方を、当てはめて考えます。

　「先手型の常態的・先行的（プロアクティブ）生徒指導」
　　　　　　　文部科学省（2023）『生徒指導提要』東洋館出版社

　どのような指導なのかについて、詳細は『生徒指導提要』で確認してみてください。「課題未然防止教育」「課題早期発見対応」という言葉で説明されています。課題の予兆行動が見られたり、問題行動のリスクが高まってきているような姿が見られたりしたら、深刻な状況に発展しないよう初期段階での課題発見、対応を心がける指導です。遅刻・早退・欠席回数や人数の増加などが見られるのなら要注意かもしれません。生活指導部と連携しながら、子どもたちの状況を見取り、学校全体で情報共有を図り、プロアクティブな指導を行えるようにしましょう。

　教職員の仕事への意識もそうです。水泳指導が始まる時期でもあります。少しの気の緩みが大きな事態に発展しかねません。危機管理に関して、打合せや会議の折に、全体に周知、徹底する必要があるでしょう。

【7月】
教育課程の進捗状況確認

1学期をふりかえり、2学期の展望をもつ

○ 「ふりかえり」は、「できなかった」ことより「できたこと」を

1 7月の実務チェックリスト

　私の経験でいうと、長期休業期間中は、子どもたちが登校してきている期間に比べると仕事の効率が落ちます。夏休み期間にまとめてやろうと思わずに、「1学期終業式の日までに」と自分の中で締切りを決めて、以下のチェックリストにあるような項目を7月中に行いましょう。

■定期的な実務チェックリスト

□教育課程の進捗状況確認
□授業時数集計、報告
□学期末個人懇談会の計画、調整、実施
□通知表作成、確認（学級担任、管理職と連携）
□諸帳簿の整理、記入、点検、管理（庶務部と連携）
□教育相談等に関する対応、報告
□夏季休業中の生活指導について、配付物の確認（生活指導部と連携）
□2学期以降の行事計画と準備（各部会主任と連携）
□終業式の計画、実施
□1学期のふりかえり（自分自身、校内全体、児童のこと）
□長期休業中の動静表配付、集計
□職員連絡会での連絡事項の確認と配付資料作成（管理職と連携）
□校内環境整備

　特に、「教育課程の進渉状況確認」「授業時数集計」と「1学期のふりかえり」が重要です。教育課程や各教科の授業の計画が、予定通りに実施されているか、教務主任が確認するのと同時に、教職員への周知も徹

底しましょう。教育委員会への報告も必要でしょう。漏れのないように。

　もう1つ重要なのが「ふりかえり」です。私の尊敬する野口芳宏先生が「実践埋没型教師」ということをおっしゃっています。日々の実践に追われ、それをこなすだけになってしまう状態のことです。自身の実践の意図を考えたり、ふりかえったりして、よりブラッシュアップすることなしには、教師としての成長はない。終わったときこそが肝心です。「1学期に自分ができたことはいくつあるのか」「なぜそれらを行うことができたのか」。こうしたことを考え、記録しておくことで2学期の展望が開けるでしょう。「ふりかえり」というと反省の意味合いで語られる場合が多いかもしれませんが、それでは気持ちも落ち込みます。「できたこと」を意識的に探すような、ふりかえりを行いましょう。

2　教職員向けのチェックリスト

　長期休業中に、ホッと一息つきたいのは、教職員のみなさんも同じです。終業式後に行われる職員連絡会で、7月中に行っておいてほしいこと、提出が必要なもの、夏季休業中の予定などをチェックリストにして配付していました。

　連絡会後に、「今日中にしなければいけないことは……」と、資料2のチェックリストを活用してもらえました。計画的な夏を過ごすために、みなさんに好評でした。

資料2

終業式　職員連絡会１

▼提出物等

7月20日（水）まで
- □ 夏季特別休暇・年休・出張・研修等 SKIP 入力
- □ 動静表、旅行届等
- □ プール当番・日直の変更等をコピー機横の一覧に記入する
- □ 月末統計　過案　教科等時数の確認
- □ 諸帳簿点検「指導要録変更分 SKIP 入力」「健康診断票（画面→確認）」
- □ 「夏休みの宿題」3部提出
- □ 個人懇談会の記録
- □ 通知表一覧表
- □ 通勤手当コピー（定期、自転車保険等）
- □ いじめアンケート

7月29日（金）まで
- □ 小中合同研修会出欠票
- □ 児童・校務起案票（2学期早め使用の物）運動会関係起案締切1次

8月 5日（金）まで
- □ 職員会議案件
- □ 起案書締切

8月 9日（火）まで
- □ 7月出勤日・申請・漏れなどの入力

8月22日（月）
- □ 粗大ごみ回収

8月24日（水）まで
- □ 運動会関係起案締切2次

8月26日（金）
- □ 備品整理一覧表

8月30日（火）まで
- □ 2学期時間割

その他
- □ ワックスがけ、特別教室からの持ち出し備品等の片付け
- □ 図書室破損整理、廃棄、購入図書申請
- □ 「校外学習」「社会見学」等計画　→　「校外学習実施計画書」の提出
- □ 運動会関係　プログラム名・準備図・放送原稿

【8月】
フル充電で2学期を迎える

夏季休業中に校内環境も自分自身もバージョンアップ
○同じ志をもつ方たちとの時間で、心も身体もフル充電して2学期を

1 8月の実務チェックリスト

　待ちに待った8月。2学期スタートに向けて、心も体もリフレッシュしましょう。

　また、長い2学期を乗り切るために下準備もコツコツ行っておきたいです。大きな行事を中心に、できる準備は少しずつ進めておきましょう。

■定期的な実務チェックリスト

□研究会、研修会への参加　自己研鑽等
□宿泊行事の下見、計画、実施
□教育課程の進捗状況確認
□2学期以降の学校経営計画の確認と周知方法（管理職と連携）
□学力学習状況調査の結果分析、今後の改善点について
□各種調査に関する資料作成、整理
□2学期時間割作成
□就学時健康診断の計画、準備（養護教諭、事務職員と連携）
□新1年生保護者説明会の計画（標準服、学用品等業者へ連絡）
□校内環境の整備

　校内環境の整備も、この時期であれば腰を据えて行うことができるでしょう。身近なところにも、仕事を効率的に進めるためにバージョンアップできることがあるはずです。例えば、職員室の教務専用の棚や自身の机の中。「いつか使う」の「いつか」はやってこないことがほとんどです。思い切って物を減らすだけで、仕事もスリムになることも。

2 研究会、研修会でのバイアクシデントな学び

　夏季休業中は、公的な研修だけではなく、公開研究会や民間の研究団体による勉強会も多数開催されます。**積極的に校外にも飛び出していきましょう。**

　教務主任は、指導と助言に当たらなければいけない立場ですから、自分自身が誰よりも学ぶ人でありたいものです。どのような研究会、勉強会に参加するのかは、興味があるものでかまいません。

　2学期に、校内で社会科の研究授業が控えているのであれば、社会科の研究会に参加する。また、教育とは職種が異なりますが、ビジネスセミナーや講演会などへ参加するのもおもしろいでしょう。小学校の教務主任が、中学校の公開研究会に参加するのも、小学校と中学校の接続を考えるのに、大いに役に立ちました。中学校の教務主任と、小中連携を行う機会も2学期以降増えてくるでしょう。

　研究会や研修会への参加は、バイアクシデント（偶然的）の学びもあります。たまたま隣に座った方が、教務主任だったことがありました。そういった方と休憩時間に話をしていると、都道府県が異なれば、教務主任の業務内容が大きく異なると知ることもできました。**自分の「当たり前」が当たり前ではないということに気付ける機会は貴重です。**

　こうした気付きは、校内の仕事に還元できます。他の教職員と何かを調整するときに、「そういう考えもあるのか」と受容の心をもって調整に当たることができます。「他の学校ではこういう事例がありましたよ」と紹介するだけで、調整がうまくいくことも多くなりました。

　学校から出にくい、家庭の都合で遠方の研修会に参加したりすることが難しい方もいるでしょう。現在は、オンライン講座も増えていますので、そのような講座を受講するのも手段の1つです。

【9月】
リズムを取り戻す

4月に立ち返る。スムーズな議事進行には根回しを

○学校経営計画を中心に、新年度当初を思い出し、リズムを取り戻そう

1 9月の実務チェックリスト

学級担任時代、2学期のスタートに意識していたことがあります。

「4月に立ち返る」

学級のルールはどうなっていたのか。みんなで話し合って決めた約束事にどんなことがあったのか。2学期の始業式から1週間は、それらが守れているのか、スムーズに行えているのか、一つひとつ意味を全体で確かめながら進めました。長期休業明けは、このようなことを意識することで、学校生活のリズムを取り戻すようにしました。

教務主任が関わる仕事も同様に考えられます。

会議の案件の提出期限はどうだったのか。計画案を上げるときはどのような手順を踏めばよかったのか。会議の時間は守られているか。計画した研修等が予定通り実施されているか。

長期休業明けの学級経営や生活指導同様に、年度当初に示された学校経営計画をもとに、教職員間でそれら一つひとつの意味を確認、周知徹底しながら仕事を進めることを意識しましょう。

「千丈の堤も蟻の一穴より崩れる」

細かなことかもしれませんが、こういったことを行うことで、2学期の仕事にもリズムが生まれ、それが子どもたちに還元されることになり

ます。逆に、ここがないがしろになると、2学期中盤以降には、どんどんほころびが大きくなり、たちまち新年度のような喧騒が繰り返されることになるでしょう。

■定期的な実務チェックリスト

☐夏季休業明けの生活指導
☐学級経営の確認
☐防災訓練の計画、実施（生活指導部と連携）
☐安全指導、校外学習の危機管理
☐運動会の計画、実施（体育部と連携）
☐学校評価の中間評価に関する準備（管理職と連携）
☐2学期実施行事の計画、確認
☐教育実習生受け入れ計画、実施
☐学習発表会、作品展等、文化的行事の計画（図工部と連携）

2 根回しを忘れない

　ある年に行われた9月の会議。教職員全員が参加している会議です。その場で、ある案件を実施するか否かについて「どうしましょうか？」という声が挙がりました。こうなると、会議は長引きます。「会議は踊るされど進まず」ではありませんが、その場であれこれと意見が出てきて、長い時間を費やしたにもかかわらず、何も決まりませんでした。

　大勢が参加している会議では、事前に部会を開催したり、主任会で話を通したりして、根回しを行った上で決議をとらなければと、再認識したことを覚えています。新年度当初に周知していた、会議を開催する手順を飛ばした提案だったゆえに起こってしまったことです。そういう意味でも、「4月に立ち返る」は重要です。

　2学期は、多くの行事が行われます。それに付随して打合せや会議も多く開催されるでしょう。打合せや会議が長引き、疲労困憊になっては元も子もありません。効果的な根回しについての説明は第3章に譲るとして、根回しが、この時期の議事進行をスムーズにするということを心に留めておきましょう。

【10月】
保護者、地域との連携を

保護者、地域と共に学校を活性化する

○保護者や地域社会との連携、協働を深められる時期

○地域に飛び出し、双方向の関係づくりを。義務にならないように

1 10月の実務チェックリスト

■定期的な実務チェックリスト

□学校評価に関する児童アンケート、保護者アンケートの準備、実施
□学校評価の中間評価に関する会議、中間評価まとめ
□学校協議会の計画（管理職と連携）
□就学時健康診断の実施（養護教諭、事務職員と連携）
□教育計画の進捗状況確認
□校務分掌の進捗状況の確認
□地域と連携が必要な行事の計画、実施
□周年行事の計画、実施
□授業時数等の確認

秋本番の10月には、さまざまな学校行事が実施されます。この時期に開催される行事の多くは、保護者や地域の方たちの協力が必要です。保護者や地域との連携については、学習指導要領にも明記されています。

学校がその目的を達成するため、学校や地域の実態等に応じ、教育活動の実施に必要な人的又は物的な体制を家庭や地域の人々の協力を得ながら整えるなど、家庭や地域社会との連携及び協働を深めること。

小学校学習指導要領（平成29年告示）第１章第５の２のア

　保護者、地域の方との関わりが増えるこの時期を生かして、学校と保護者、地域社会が協働し合えるような仕組みを考えましょう。

2 地域に飛び出そう

　地域行事や保護者主催のイベントも、この時期に多く開催されます。地域の祭り、地域主催の体育的行事、文化的行事、学校施設を使用するイベント等、その多くに子どもたちも参加するでしょう。このような行事に学校も関わることで、見えてくる子どもたちの姿もあるでしょう。また、保護者や地域の方が、どのように子どもたちと関わっているのか、どれだけ多くの方が子どもたちのために活動してくれているのか、このような場に出向くことで気付くことも多くあります。**学校行事と地域行事、互いに連携し合うことが、双方の活性化**にもつながります。

　校内で日常業務を行っているだけでは会うことができない、保護者や地域の方たちとのつながりもできます。教務主任自身の名前を覚えてもらうことで、学校と保護者、地域をつなぐ窓口にもなれるでしょう。

　地域に飛び出すことで、保護者や地域の声、子どもたちに対する思いの本音を聞くことができたり、学校運営に対する考えを聞いたりできます。逆に、学校がどのような思いをもって教育活動に当たっているのかを説明することもできます。双方向の関係をつくるためには教務主任が積極的に地域に飛び出すことも重要です。

　ただし、このような行事は休業日に開催されることがほとんどです。家庭事情等で参加が難しい場合もあります。参加の可否については、管理職や教職員と連携を図っていきましょう。参加が義務になった瞬間に、本来見えるものも見えなくなります。地域に飛び出す意義を教職員間で共有した上で、積極的に関われるようにしたいものです。

【11月】
教育課程の土台をつくる

「教育課程の編成」原案づくりに動き出す

○教育課程の編成の見通しをもち、できる下準備を進めておく

1 11月の実務チェックリスト

■定期的な実務チェックリスト

- □学校評価に関する書類作成
- □学校協議会の計画、実施（管理職と連携）
- □次年度の教育課程の原案づくり
- □次年度の行事予定の原案づくり
- □学習発表会、作品展等、文化的行事の実施（図工部と連携）
- □研究授業、研修会の計画実施（研究部と連携）
- □研究発表会等の計画、実施（研究部と連携）
- □通知表に関する内容の確認、周知（研究部と連携）
- □いじめアンケート実施、生活指導事案等の対応（生活指導部と連携）
- □事務物品等の管理、発注（印刷物が増える時期に備えて）
- □長期休業中の日直一覧の作成

　11月も、10月同様多くの行事が執り行われる時期といえるでしょう。計画的かつ円滑に進められるように、教務主任が中心となって、各方面との連絡調整を行いましょう。

　また、次年度も見越した目をもちながら、行事の実施に当たるとよいです。少し気が早いかもしれませんが、行事の実施と同時に、**次年度の同行事の原案作成**の心がまえで臨んでいると、「さらによくするには……」の意識が働きます。次年度以降の計画・実施がより円滑に行える

でしょう。心にゆとりが生まれると、さらに創造的な学校行事が行える
ように、考える時間も十分に取ることができるでしょう。

2 「教育課程の編成」の下準備を進める

　11月は、教育委員会や校長会で、次年度の行事に関する検討会や会
議が行われる時期です。管理職と密に連携を図りながら、**次年度に関す
る最新情報が得られるように、アンテナを張り巡らせておきます。**

　情報が得られたら、次に行うことは、行事予定の原案づくり等を含め
た教育課程の編成です。いつ新たな情報が入ってきても即座に取りかか
れるように、下準備をしておきます。データの形式、枠組み等を作って
おくだけでも、取り掛かりに大きな差が出ます。

　前頁で述べたように「行事の実施と同時に次年度の原案」が意識でき
ていれば、それらも教育課程の編成のための重要なデータとなります。
教育課程の編成に向けて、以下のリストのおおまかな流れを頭に入れ、
情報を得たり、基本方針を決定したりしたら、一気に具体的な内容を描
いていきましょう。教育課程の編成の土台づくりは11月からです。

---

①今年度の教育課程のふりかえり

②児童の実態把握、保護者・地域の願い、教職員の願い

11月ごろ：教育委員会や校長会からの情報（教育目標や年間行事）

③年間行事予定の原案作成　　　④学校評価の実施

⑤学校の教育目標等、教育課程編成の基本方針の検討、確認、決定

⑥主な年間行事予定の決定

⑦教育計画作成（授業時数等）　　⑧各組織の原案を収集

⑨全体で原案の確認　　　　　⑩学校長による決定

---

　①②は年間を通して常時行います。③④⑤を11−12月に行い、1月
には⑥を確定。2月には⑦⑧をそろえて、3月には⑨⑩を行います。

【12月】
学校評価を生かす視点を

> **２学期をふりかえり、３学期の展望をもつ**
> ○学校評価に関する教務主任の役割を把握し、評価を生かす視点を

1 12月の実務チェックリスト

■定期的な実務チェックリスト

☐教育課程の進捗状況確認
☐授業時数集計、報告
☐学期末個人懇談会の計画、調整、実施
☐通知表作成、確認（学級担任、管理職と連携）
☐諸帳簿の整理、記入、点検、管理（庶務部と連携）
☐教育相談等に関する対応、報告
☐長期休業中の動静表配付、集計
☐３学期以降の行事計画と準備（各部会主任と連携）
☐新１年生保護者説明会に関する書類送付
☐卒業式、入学式の実施計画案作成、周知
☐冬季休業中の生活指導について、配付物の確認（生活指導部と連携）
☐終業式の計画、実施
☐職員連絡会での連絡事項の確認と配付資料作成（管理職と連携）
☐次年度の主な行事の確定、周知
☐３学期の時間割作成
☐２学期のふりかえり（自分自身、校内全体、児童のこと）
☐校内環境整備

　毎学期終わりに行う定期的な業務の確認に加えて、年度末の儀式的行事の計画、次年度に向けての準備等を行うのが12月です。

2　学校評価を生かす

　11月に実施した保護者アンケートや児童アンケートなどを基に、学校の教育活動についての成果を検証します。労力をかけて行う学校評価が形式的なものに留まることのないように、評価の意義と方法について、教務主任が理解し、教職員に示すことが重要です。学校評価は複数の視点から行われます。

自己評価……教職員が行う評価
関係者評価……保護者や地域など学校関係者が行う評価
第三者評価……学校外の専門家が行う評価

　多くの場合はアンケートを実施して、評価を行うことでしょう。年度当初に立てたスケジュール、実施方法、回収・集計、分析・検証方法、情報の開示方法など、行う業務は多岐にわたります。教務主任が全体を把握しておき、計画的に進めていく必要があります。
　教務主任になって1年目は、このスケジュールを計画通りにこなしていくことで精一杯になると思います。評価方法や分析・検証方法の詳細については、管理職と連携を図りながら進めましょう。2年目以降は、学校経営計画の策定から、評価に関する計画まで、教務主任が中心となって進めることになります。学校評価を、教育課程の編成や日々の教育活動に生かすという視点をもっておきましょう。評価を生かすためには、

「学校長の学校経営計画を十分に理解する」「評価項目を精選する」

ことが重要になってきます。学校経営計画に沿った評価項目になっているのか、重点事項は何なのかを年間を通して意識できるように、評価項目を精選することが大切です。

【1月】
校内環境を整える

1　1月の実務チェックリスト

■定期的な実務チェックリスト

□3学期実施行事の計画、確認
□3学期以降の学校経営計画の確認と周知方法（管理職と連携）
□教育課程の進捗状況確認
□各種調査に関する資料作成、整理
□学校評価の最終評価に関する準備
□学校評価の最終評価に関する会議、最終評価まとめ
□児童アンケート、保護者アンケートの準備、実施
□冬季休業明けの生活指導
□学級経営の確認
□新1年生保護者説明会に関する準備
□校内環境の整備

　新しい年を迎えると、倍速されているかの如く時間の流れを早く感じることでしょう。ただ、恐れることはありません。毎月の定期的な実務や、各月のチェックリストを基に、計画的かつ確実に仕事を進められていれば、余裕をもって1月の仕事に取り組めるでしょう。

　さらに慌ただしくなる2月、3月を迎える前に足元を見つめる意味でも、1月には校内環境の整備を心がけましょう。これまでの頁で「校内環境の整備」という言葉が何度も出てきたことかと思います。ここでは、

具体的にどのような視点が必要なのかについて述べていきます。2月には、新1年生保護者説明会を行います。新1年生の保護者にとっては、学校と初めて接する機会となります。第一印象は重要です。「きれいな学校だ」「すてきな環境の学校に入学できそうでよかった」と思ってもらえるような環境づくりに努めましょう。また、3月には卒業式もあります。6年間通った学校が、最後も「すてきな場所であった」と、子どもたちにも保護者にも思ってもらえるような環境で、送り出せるようにしたいものです。2－3月に思いを巡らせながら、少しずつ環境を整えておきましょう。

2 環境にも複数の視点がある

校内環境を整えるといっても、いくつかの視点があります。

精神的環境……校風、伝統、校内の雰囲気
物的環境……施設、設備、備品、掲示物
人的環境……教職員、児童の様子や関係

まずは、精神的環境です。年度末の儀式的行事を迎える前に、全校朝会や児童朝会の折に、学校の教育目標や生活目標などを、子どもたちと教職員で共有した上で、残された学校生活の中でも意識できるようにしていきます。校歌を歌ったり、その言葉の意味にふれたりすることも精神的環境を整える意味があるでしょう。

次に、物的環境です。災害時や非常時に備えられているか、廊下や階段の備品や掲示物が整えられているか、案内掲示が貼られている位置は適切かなどの視点をもって校内巡視を行い、改善すべき点を探します。

そして、人的環境です。日常の授業に子どもたちは落ち着いて取り組めているか、休み時間の教職員と子どもたちが関わるときの言葉づかいは適切か、などにも意識を向けていきましょう。

【2月】
早めの計画で厳粛な空間を

儀式的行事に向けての準備

○早めの計画、周知が、儀式的行事に厳粛な雰囲気を生み出す

1 2月の実務チェックリスト

■**定期的な実務チェックリスト**

- □新1年生保護者説明会の実施
- □地域と連携が必要な行事の計画、実施
- □学校評価に関する書類作成、情報の公開
- □学校協議会の計画、実施（管理職と連携）
- □管理職と次年度に関する打合せ（次年度の学校経営計画等）
- □次年度の教育課程の編成
- □次年度の行事予定を確定
- □次年度の手続き、申込が必要なものの確認（芸術鑑賞、校外学習等）
- □卒業式、入学式の計画確認
- □卒業式・入学式の来賓への案内作成、配付
- □通知表に関する内容の確認、周知（研究部と連携）
- □事務物品等の管理、発注
- □春季休業中の日直一覧の作成

　卒業式、入学式に代表される儀式的行事の実施に向けて、早めの計画、提案、周知を行いたい時期です。修了式や始業式も同様です。儀式的行事の意義を踏まえて厳粛な雰囲気で実施できるかどうかは、教務主任がどれだけ見通しをもって実務を進められるのかにかかっています。

2 儀式的行事に向けて早めの周知を

　儀式的行事の内容や時程に関しては、例年大幅な変更はあまりないでしょう。式当日だけではなく、事前指導や事後指導、関連行事との組合せ、保護者や地域への案内等も必要です。いかに早めに計画を周知できているのかが重要になってきます。見通しをもって準備を進められるように、以下の点を教職員や子どもたちに周知できるよう準備を進めます。

・事前準備や前日準備、当日の役割分担
・タイムテーブル
・卒業証書等の押印や氏名確認
・呼びかけやお迎えの演技等、式で児童が行う内容の確認
・式次第や日課表
・代表の言葉を述べる児童の決定と事前指導
・式や代表児童のリハーサル計画
・各学級で行う事前指導と事後指導の内容確認
・保護者や地域への案内配付
・当日使用する備品や会場環境の確認
・司会進行の細案作成、準備

　卒業式、修了式、いずれにせよ、それぞれを独立した行事として行うのではなく、関連行事との接続指導を考えたり、日ごろの学級指導と組み合わせたりしながら儀式的行事を迎えられるように、教務主任がマネジメントしていきます。例えば、卒業式であれば、卒業生を送る会や全校集会などの関連行事があるでしょう。卒業生が6年間をふりかえったり、5年生が新たな最高学年としての自覚をもったりできるような指導を心がけ、儀式的行事に向けて気持ちを高められるようにしていきましょう。当日の厳粛な雰囲気を生み出すためにも、早めの周知により、教職員と子どもが意義を共有して準備を進めることが重要になります。

【3月】
新年度を迎える準備期間

4月のスタートダッシュに向けて

○新年度に向けた準備期間。漏れがないように1年前を思い出そう

1　3月の実務チェックリスト

■定期的な実務チェックリスト

- □校務分掌部会の実施と引継ぎ
- □通知表作成、確認（学級担任、管理職と連携）
- □卒業式の実施
- □修了式の計画、実施
- □春季休業中の生活指導について、配付物の確認（生活指導部と連携）
- □長期休業中の動静表配付、集計
- □職員連絡会での連絡事項の確認と配付資料作成（管理職と連携）
- □諸帳簿の整理、記入、点検、管理（庶務部と連携）
- □次年度の年間行事、教育課程編成案を作成、配付
- □新年度の行事計画と準備（各部会主任と連携）
- □新転任者へ配付する資料の作成、準備
- □4月職員会議案件の集約、資料作成
- □4月前半の予定の詳細
- □入学式の計画確認、新1年生学級編成等
- □授業時数集計、報告
- □新年度の時間割作成
- □教育相談等に関する対応、報告
- □3学期、年間のふりかえり（自分自身、校内全体、児童のこと）
- □校内環境整備

2　1年前を思い出す

　3月、学級担任が年度末の締めくくり業務を行っている間、教務主任は次年度に向けて走り出すことになります。

　この時期にしかできない校外学習等の申込や予約もあります。学校に送付されてくる大量の書類は、**その場で確認し、手続きが必要なものの漏れがないように**しましょう。

　3月になったら、1年前を思い出してみましょう。そのときに役立つのが記録です。どういうことで困っていたのか、「これをしておけば」「あれさえあれば」といった1年間の記録をもとに、4月1日を迎えるための準備を進めていきましょう。初めての教務主任としての4月は、無我夢中でふりかえる余裕はなかったはずです。だからこそ、この3月中に作成できるものは準備して、計画的に新年度を迎えましょう。

　教職員の転勤があるので、まだ未確定の部分もありますが、資料の大枠は完成させておきます。決定後、すぐに加筆修正できるようにデータも整理しておきます。学校によっては、**離任式が行われる場合もあります**。管理職やPTAとの連携も忘れずに。

　卒業生を送り出せば、別れを惜しむ間もなく、新入生を迎え入れる体制を整えなければいけません。学校によっては、新1年生の学級編成に教務主任が関わることもあります。保育園や幼稚園との連携を教務主任が行っているため、子どもに関する引継ぎ事項も、その都度まとめておき、いつでも使える状態に整理しておきましょう。

　これまでの記録を基にすれば、1年前の自分には見えなかった新年度の景色が見えてくるはずです。1年間の実務を通して、常に先を見通して動く教務主任の重要性を実感してきたことでしょう。3月の準備が、新年度のスタートダッシュを可能にします。

小中連携の結果オーライ！？

運動会の予備日をいつにするのか

　ある年の運動会が、雨の影響で延期になりました。日曜日開催予定の運動会。月曜日は代休、予備日として設定していたのが火曜日でした。火曜日は晴れて無事運動会も終了。大きな行事を終えて、ホッと一息ついていたときに、ある保護者の方からお電話をいただきました。

「運動会が延期になったため、火曜日の中学校行事と運動会が重なりました。次年度以降、重ならないように調整してもらえますか」

　小学校にも中学校にも子どもを通わせている保護者の方からの電話でした。中学校や保育園・幼稚園との関係という、もっと広い視野で予定を組んでいかなければいけないと気付かされた一件です。

　この件もあり、行事予定を組むときには中学校や保育園・幼稚園、地域とも情報交換や交流を行うようにしました。

　翌年は運動会の予備日を水曜日に変更。その年はさらに、台風の影響で日曜の運動会が延期になりました。運動会準備はすべてやり直しです。しかし、火曜日の1日が使えるという余裕ができました。台風の後片付けや十分な準備の時間を取ることができ、水曜日に無事運動会を実施することができたのです。小中連携の結果オーライです。

　本来の意味での「小中連携」については、文部科学省の「小中連携、**一貫教育に関する主な意見等の整理【概要】**」（https://www.mext.go.jp/b_menu/shingi/chukyo/chukyo3/siryo/atta　ch/1325901.htm）でご確認いただけます。

第 3 章

教務主任の仕事Q&A

教育課程の編成、ポイントは？

学校の教育目標に向かって、学校経営計画を具現化する
○全教職員の総力という意識で。教育目標達成のために具現化する

1 根本・本質・原点を忘れない

「教育課程を編成する」というと、ややもすると、年間行事予定に代表される年間教育計画をどう組むのか、時間割をどう編成するのかという作業にばかり目が行きがちです。ただし、それらを行う目的を見失ってはいけません。何のために教育課程を編成するのかという、根本・本質・原点を念頭に置いておきたいです。

第1章6節pp.18－19「知っておきたい法規」で述べましたが、教育課程の編成については、学習指導要領の総則に明記されており、"各学校"で編成することになっています。まずは、**法規における根拠や国が示している教育課程についての基本方針を理解する**ことが必須です。

さらに、地域の特色や課題を踏まえて、**各自治体の教育委員会が示す教育目標や教育課程編成の基準についても把握する**必要があります。

その上で、学校の教育目標や学校長による学校経営計画の目標を達成していくために、どのような教育課程が編成できるのかを考えます。

そこには、前年度の学校評価を反映させる必要もあるでしょう。学校評価には、教職員の意見や考え、保護者、地域の願いも含まれています。教科・領域、校務分掌の主任に編成を依頼することもあるでしょう。

つまり、各学校で編成する教育課程とは、各校の実態と特色を踏まえ、

そこに関わる方たちの思いや願いを込めた、総合的な教育計画であるといえます。教務主任が中心となり、教職員の総力をもって作成します。

2　教育計画の作成、提出

どのようなスケジュールで教育課程の編成を進めるのかは、第2章17節pp.82−83「【11月】教育課程の土台をつくる」で述べました。

　総合的な教育計画である教育課程には、必ず含まなければいけないものがあります。提出様式や内容については、各自治体の教育委員会の管理規則等で確認します。

　多少違いはあるものの、以下の項目の内容が必要となるでしょう。

①学校概要（地域、学校、児童の実態等）

②学校経営計画、当該年度における教育の重点目標

③年間における予定授業日及び主要行事

④各教科、領域等の計画授業一覧、月または週ごとの年間配分

⑤日課表

教職員の総力をあげて、教務主任が実務を担い、教育課程を編成していくわけですが、編成責任は校長にあります。大阪市であれば、大阪市立学校管理規則（URL：krv800.legal-square.com/HAS-Shohin/jsp/SVDocumentVie）に次のようにあります。

　　第3条　校長は、毎年、学習指導要領及び教育委員会が定める基準
　　　　　　により、翌学年の教育課程を編成しなければならない。

　もちろん、教職員全体の意見を校長に進言しますが、最終は校長の学校経営計画を柱にして決定します。そのため、管理職との連携を密に行うことが重要です。日ごろから教職員の声にも耳を傾けることも重要です。全体が同じ方向を向いていけるような教育計画を作成し、機能させられるよう、教務主任の調整力が求められます。

年間行事を組むときの注意点は？

形式的実施に陥っていないか。やめる判断とやる勇気
○新しい教育を追加することに拘らず、常に学校の教育目標との関連を意識

1 すべての行事の意味が語れる

「時間割や行事予定を見ればその学校の教務主任の力がわかる」

第1章で紹介した言葉ですが、今ならその意味がわかることでしょう。

単年の行事予定ではなく、その学校の2－3年分の年間行事を並べて見比べてみると、より鮮明に見えてくるものがあります。

「どの時期に何が行われているのか」「なくなっている行事は何か」

「逆に、新設されている行事は何か」「実施時期が変更されている行事は」

学校の教育目標を達成するため、校長から学校経営計画が打ち出され、それに基づき教育課程が編成されます。目標を達成するための教育活動として、学校行事計画が立てられるわけです。この計画を基に、各担当者による、行事の具体的計画が立案されていきます。

つまり、学校行事は、学校の教育目標達成のために具現化されたものであり、学校行事を基に全体が動くということになるのです。

削減された行事、追加・変更された行事、いずれも各年度での評価・改善のもと現在のように至ったのですから、そこに学校の理念が表れるでしょう。「修学旅行の実施時期」「運動会を行う季節」「児童会行事の前後にどのような行事が置かれているか」。1年間もしくは複数年の行事予定を俯瞰して見たときに、どの月にどの行事が配置されているのか。

すべてに意味が込められているのです。

2 すばらしい学校行事を行うには

　学校の教育目標達成のための学校行事。その学校行事計画を立ててい
くときに、私がいつも心に留めていた言葉があります。

「易創造」

　新しいものを創ることは簡単という意味です。しかし裏を返せば、や
めることは難しい。

「毎年やっていることだから」「とりあえず今年は様子を見てやりましょ
う」「新たな教育施策が舞い込んできたので」と、形式的に行ってい
る学校行事はないでしょうか。だからこそ、学校の教育目標に立ち返り、
本来の意義を見つめ直した上で、計画する必要があります。「**追加教育
症候群**」という言葉もあります。

　　「原因」の「特定・除去」ではなく、「新たな教育」の「追加」に
　よって子どもたちの問題を解決しようとするのは、多くの人々が教
　育に非常に大きな価値を置き、「何でも教育で解決できる」「解決す
　べき」と考えることとも関係している。
　　（中略）その結果「○○教育」と称する新しいものが雨後の筍のご
　とく増えて、学校教育全体を圧迫してきた。
　　　　　　岡本薫（2006）『日本を滅ぼす教育論議』講談社現代新書

　　私たちは、いつも行事を大事にしている。だからできるだけ行事
　をすくなくして、そのときどきに創造的な感動的な行事をつくり出
　すために全力をあげようとしている。
　　　　　　　　　斎藤喜博（1990）『学校づくりの記』国土社
もちろん新たなことに挑戦する勇気も必要ですが、先人の言葉や考え
に学び、学校行事本来の意義を見失わないようにしましょう。

宿泊を伴う行事で
心がけることは？

早めの実施計画書作成と、下見で危険を予見する

○安全が最優先。下見で危険を予見し、事前指導を行う義務を負う

1 実施計画書の作成と提出

　宿泊を伴う校外学習に関しては、実施1ヶ月前には、各所へ書類を提出する必要があります。「実施計画書」「旅館等の衛生についての依頼文」「宿舎平面図・避難経路」等、必要書類をそろえて教育委員会に提出できるように準備を進めましょう。実施学年と連携を取りながら、実施日から逆算して、各関係機関との打合せ、下見、書類の提出、保護者説明会の実施、児童への事前指導等が行えるように計画的に準備を進めます。

　また、宿泊を伴う校外学習の実施計画書には、緊急時の対応に関する記載も必要です。病気や怪我などの対応、夜間診療が行える医療機関の確認や、災害発生時の避難場所や帰校方法についても確認しておきます。

　食事に関してアレルギー対応が必要な場合もあります。宿舎や活動先施設から、食事メニューや成分表を受け取り、保護者にも早めに確認してもらえるようにします。

2 下見で危険を予見し、事前指導の義務を負う

　修学旅行に引率してもらった養護教諭から言われた言葉があります。
「宿泊行事は、怪我や事故がなければ100点」

　子どもの安全が何よりも最優先で、あとはそこから何点加算されるのかという考え方を教えてもらいました。

　校外学習、特に宿泊を伴う行事に関してはアクシデントがつきものです。2泊3日の林間学習における事故の事案で、次のような判例が出ていることも知っておけば、下見がいかに重要かわかるはずです。

> 夕食前の入浴及び休憩時間、教師が在室しない2階の部屋の出窓カウンター部分に上がり、後方にもたれようとして、窓ガラス側に上半身を傾けたところ、窓ガラスが開いていたため建物外の地面に転落して傷害を負った。

　転落事故では、引率教員に過失があるとして市の国家賠償責任が認められています。焦点となっているのが「出窓の利用方法」についてです。

> 林間学舎のように、子供らが親権者の監護状況を離れて、日常生活における状況と比較して、相対的に少ない教員らにより、日常生活と異なる生活空間で、友人らと宿泊するような場合には、子供らの監護が、日常生活の場合と比べて手薄になる反面、子供らが非日常的な体験をすることで、通常であればしないような行動に出る蓋然性が高いのであるから、教員らは、具体的に予見可能な危険性について告げるなどして危険な行為をしないよう指導すべき注意義務を負っている。
>
> (中略) したがって、教員らは子供らに対して、本件出窓のカウンター部分に上った場合、誤って転落する危険性があることについて十分に指導をした上で、ガラス窓を開放しないよう指示したり、カウンター部分に上がらないよう注意喚起したりすべきであった。
>
> 　　　　　『判例タイムズ1388号 7月号』、2013、判例タイムズ社

　下見で危険を予見し、いかに事前指導を行うのかが重要です。

行事のふりかえりをどのように生かすのか？

ふりかえりを行いつつ、次年度の計画案を作成する

○行事全体を俯瞰したふりかえりを行うと同時に、次回の5Wをおさえる

1 学校行事の目標と内容の精選

1つの行事が終わるごとに、教職員全体でその内容の成否についてふりかえりが行われるでしょう。教務主任は、さらに一段階上から行事全体を俯瞰してふりかえる必要があります。

例えば、以下のような視点をもって、行事をふりかえります。

- ・行事の目標設定は適切であったか
- ・教科学習との関連はどうか（カリキュラム・マネジメントの視点）
- ・他の行事との関連はどうか（行事と行事の接続）
- ・事前指導から実施に至るまでの時数は適切であったか（時数管理）
- ・効果的な事後指導が行われているか
- ・行事が児童や保護者、地域に与えた効果はどうであったのか
- ・保護者や地域、外部人材や資源の活用が可能な面はあるか

新型コロナウイルス感染拡大の影響による休校以降、学校行事が大きく見直されることになりました。削減された学校行事もあるでしょう。また、運動会や学習発表会のように、復活した行事でも、その内容の縮小や実施形態の変更が図られた行事も少なくありません。改めて、学校行事本来の意義を問われるときが来ているのかもしれません。

「例年行われている行事だから」「行事の成功のためには時間を費やして」と形式的に行うのではなく、行事の目標を教職員、児童、保護者で共有して、その効果について考えていく必要があるでしょう。

　また、カリキュラム・マネジメントの視点をもって、各教科学習と関連づけたり、他の行事との接続を考えたり、さらに行事の教育効果を高めるために、どのように年間行事に位置づけていくのかについても考えましょう。時数についても、急な時間割変更が出たり、必要以上に時数をかけたりすることがないように、計画段階で「学校行事で○時間。○○の教科で○時間」という目安を示せるよう、次回以降にふりかえりを生かします。

2　ふりかえりを行うと同時に、計画案（マニュアル等）を作成

　学校行事について、修正点や改善点のその多くが見えるのは実施した直後です。ふりかえりを行うと同時に、そのふりかえりを生かして次年度の計画案やマニュアルを作成しておけば、「あれ？　去年はどうだったかな」ということもなくなります。何事も「終わったときこそが肝心」。ふりかえりも形式的に行うのではなく、行うと同時に「何を」「いつまでに」「誰が」行うかなどの記録をまとめておきましょう。

資料1

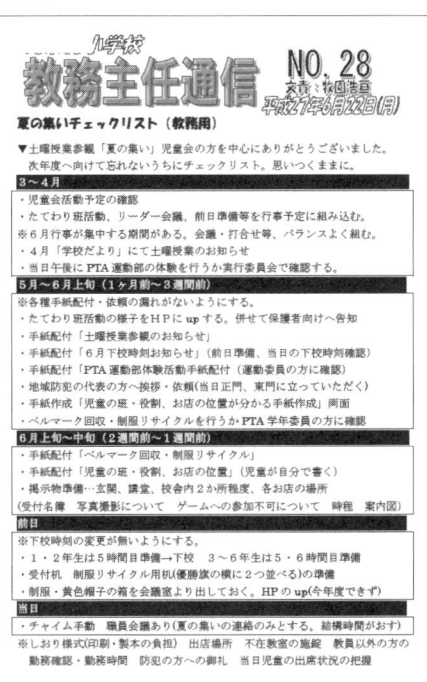

時間割は
どのようなことに気を付けて
組めばよいのか？

授業内容の達成、授業時数の確保を確実に行う
○１年間にどう割り振るのか。１日・１週間の生活リズムも配慮する

1 どのような視点をもって組むのか

授業時数の配当については、学習指導要領に明記されています。

> 各教科、道徳、外国語活動、総合的な学習の時間及び特別活動の授業は、年間35週（第１学年については34週）以上にわたって行うよう計画し、週当たりの授業時数が児童の負担過重にならないようにするものとする。
>
> 小学校学習指導要領第１章 総則　第３ 授業時数等の取扱い

例えば、６年生の国語であれば、標準授業時数は175時間です。

175時間÷35週＝５時間、週に５時間。月曜から金曜まで毎日１時間の授業を設定することになります。ただし、標準授業時数が、単純に35の倍数になっていない教科（音楽・図画工作・家庭・体育）もあります。２週間で３時間にしたり、学期ごとに週の配当時間を変えたりして、設定することになります。

学校の規模や教職員数に応じて、配慮すべき点が異なる場合もありますが、例えば以下のような視点をもつことが必要でしょう。

・週１時間の教科の配置曜日。月曜日は祝日や代休が多いため

・月曜日の１時間目は朝会があるため理科室や運動場は割り当てない

・特別教室への移動が連続しないように。家庭科室の次が図工室など

・実習や実験が主な教科、専科教員の教科は必要に応じて２時間続き

　これらの視点を踏まえた上で、児童の１日の生活リズムや１週間の曜日ごとの意味づけ、学年の特性を考えた時間割編成を考えます。

　午前と午後で教科を振り分けてバランスよく配置します。低学年の児童であれば、午後に集中力が低下することが考えられます。また、水曜日と金曜日では、学習能率や疲労に差も出るでしょう。特定教科がある週の前半や後半に偏らないよう、配慮します。特定の学級にばかり負担を強いることがないように、１年間に数回の組み換えが必要になることもあります。

2 特別支援教育コーディネーターと連携を

　もう１つ重要な視点に、特別支援教育コーディネーターとの連携があります。交流学級、通級教室、支援員配置などの調整が必要だからです。各学級担任との調整より前に、特別支援学級の時間割の相談をしておきます。

　次に、専科、習熟度別少人数指導、非常勤講師等の時間設定を考えます。勤務日による調整、複数学年を担当する場合の調整が必要です。

　そして、初任者がいる場合には、初任者研修を想定した時間割を組む必要もあります。時間割表では、特別支援担任や専科教員、支援員等が、どの時間にどの学級の担当になっているのかも明記しておきます。そうすることで、急な調整が必要なときにも対応がスムーズに行えます。

資料2　（A～F：誰がどの時間にどこの担当なのかを明記した時間割表）

(音…音楽室　家…家庭科室　パ…パソコン室　ト…図書室　体…運動場・講堂　理…理科室)優先使用

児童の転入で必要な手続きは？

書類の受け渡しを確実に。歓迎の気持ちで迎える

○手続きを確実に行うことで、子どもや保護者の不安を期待に

1 不安を期待に

　新たな学校を訪れる子どもや保護者は、緊張しています。「どんな学校だろう。大丈夫かな」と不安な気持ちを抱えている場合もあるでしょう。各種手続きのため、最初に教務主任が対応するケースが多いです。笑顔で歓迎の気持ちをもって迎えましょう。

　書類の受け渡しが多く、この段階で不備があると学校に対する第一印象を悪くしかねません。書類の受け渡しは確実に行います。不安点や疑問点があれば出してもらい、「よく話を聞いてもらえた」と思ってもらえるように傾聴の姿勢で、最初の手続きを行いましょう。

　学校が受け取る書類は、主に以下の3つです。

①就学通知書
②在学証明書
③教科用図書証明書

　学校から渡す書類に関しては、以下のようなものがあるでしょう。

①家庭記録票や保健調査票等、保護者に記入してもらう書類

②児童費等の口座引落しに関する書類

③学校生活のきまり、学校だより、行事予定等の書類

④学用品の購入方法を記した書類

2 マニュアルがあれば、手続きも確実に

　教職員の誰が転入の連絡を受けたときでも、説明できるように以下のようなマニュアルを作っておくと便利です。最初の手続きを確実に行うことで、子どもや保護者の不安を期待に変えることができるでしょう。

資料3

転入「転校生がくる」ときの手続き

▼転入があるときのチェックリスト。不備・不足があれば教えてください。

〇 保護者から電話連絡があったとき

1　確認すること
「学年」「児童名」「保護者名」「電話番号」「いつから登校するのか」
来校の際、書類を4点もってくるように伝える。（下記参照）

2　校内で情報共有
「転出入担当」「当該学年」「給食担当」「事務室」「教科書担当」「学校日誌」
「保健室」「生活指導（集団登校）」「教務・管理職」に伝える。

〇 保護者が来校したとき

1　保護者より「書類等」を受け取る
①　**就学通知書**（保護者が役所より受け取る）←保護者用を持ってきたらコピーする
②　**在学証明書**（前の学校で発行してもらう）
③　**教科用図書証明書**（前の学校で発行してもらう）
④　**氏名印**（前の学校の担任の先生にもらう）←氏名印に、指導要録が作成されると記載されるのをもらってきてもらうとよい

2　「家庭記録票」に記入してもらう
①　「学年」「児童名読み方」「生年月日」「新住所」「電話番号」「緊急連絡先」
②　「いつから登校するのか」を確認する。

3　「転入生用の封筒」を保護者に渡す←現在は書類を缶ケースに入れている。
①　1児童につき、1袋渡す。（兄弟姉妹がいるときは、児童数分渡す）
②　転入初日「封筒の書類を記入して、職員室に来てください」と伝える。

※転入生用封筒作る（〇部作ってストックしておく）←3月に翌年度分作成。
①家庭記録票　②時程表　③児童保健調査票　④学校徴収金について
⑤預金口座振替依頼書・記入例　⑥就学援助制度のお知らせ
⑦学校徴収金および学校給食費関係書類の提出について
⑧学校徴収金・学校給食費 振替日および金額一覧表
⑨学校給食 食物アレルギー個別対応　⑩携帯メール連絡網 登録までの手順
⑪PTA会費納入のお願い　⑫PTA規約 組織図 各委員会の活動内容 クラブ紹介
⑬黄帽・体操服等の購入先お知らせ（名札は事務室）　⑭いきいき申込み
　学校要綱 or ようこそ＿＿＿小学校へ（←作成する）

※現在は、書類が教頭先生机横の缶ケースに入っている。
封筒に同封書類を印刷しておくと分かりやすいかも。←作成する

4　「保護者証」を渡す
①　1世帯に2つ。教務が作成。職員室後方金庫の上の段ボール

※　転入学通知書へ記入（前の学校より書類送付された日付等）

児童の転出で必要な手続きは？

必要書類を準備し、保護者や転出先への連絡を

○事務職員を中心に、各担当者へ連絡の漏れがないようにする

1 必要書類を準備する

　保護者から転出の連絡を受けたら、手続きのために以下の書類等の準備に取りかかります。

①在学証明書
②教科用図書証明書
③会計処理等
④転入学通知書の確認

　転入手続き同様、マニュアルを作っておけば、誰が連絡を受けたとしても、「何を」「どのように」行えばよいのかが明確です。

　特に③会計処理等に関しては、児童費、積立金、給食費などの返金や不足分の徴収などが生じる場合があります。転出がわかった時点で事務職員と連携を取りながら、早めに手続きを進められるようにしましょう。

　④は、転出先の市区町村の役所から保護者が受け取る書類です。保護者に「転入届」を提出すると受け取れることを伝えます。

　次頁のようなマニュアルを参考に、保護者用の転出手続きマニュアルも作成しておけば、保護者への説明も漏れなくスムーズに行えるでしょ

う。

　転出先へ引継ぎ事項の連絡や書類送付をする場合もあります。連絡や送付が一度でまとめて行えるように、学級担任や管理職とも連携を図ります。

2　マニュアルを作成すれば安心

　資料4のように、学校に合わせたマニュアルを作成すれば、確認しながら手続きを進められます。

資料4

転出「児童が転校する」ときの手続き

▼転出チェックリストも作ってみました。不備・不足があれば教えてください。

○　保護者から電話連絡があったとき

1　確認すること
　「転学日」「転学先の学校名」を聞く。
　「印鑑、保護者証、新住所」をもって、転校手続きに学校に来てください」と伝える。
　（書類作成の時間を考えて、連絡があった日より5日後以降の日で調整）

2　校内で情報共有
　「転出入担当」「当該学年」「給食担当」「事務室」「教科書担当」「学校日誌」「保健室」「生活指導（集団登校）」「教務・管理職」に伝える。

3　書類を用意・作成
　「会計関係の書類」　　　　　　　　→　　会計担当　or　転出入担当
　「在学証明書」「教科用図書証明書」　→　　担任　or　転出入担当
　「児童氏名印」（通知票）　　　　　→　　担任
　※「指導要録のコピー」「保健簿」は区役所からの通知が届いてから転学先の学校に送付する。

○　保護者が来校したとき

1　「転退学移動届」を保護者に記入してもらう
　①　記入後、「保護者控え」は保護者に渡す。
　②　「学校控え」はファイルに綴じる。（教頭先生横の棚）
　※　保護者印の漏れが無いように注意する。

2　保護者に以下の書類4点を渡す
　①　在学証明書（校長印が必要）
　②　教科用図書証明書（学校印が必要）コピーをとり、学校保管分は綴じる。
　③　会計書類（事前に会計担当に準備してもらう。徴収金・給食費等精算）
　④　児童氏名印　（通知票など）

3　「保護者証」を返してもらう

○　保護者が帰校後すること

1　「転退学処理簿」に記入
　①　学年、組、氏名、性別、在学証明書発行日、転出日等を記入。

2　会計の精算
　①　会計担当に連絡。「口座廃止届」等を含む手続きをしてもらう。

3　「指導要録のコピー」「保健簿」を転校先へ送付
　①　指導要録に転出日を記入。（転校先から転入学通知書？区役所から書類が届く？）
　②　「指導要録のコピー」「保健簿」を転校先に送る。

4　「異動報告書」を区役所（住民情報課登録係）へ送付

新1年生保護者説明会を
企画するときに
気を付けることは？

保護者の不安を期待に変換できるよう心がける

○保護者も1年生であることを忘れずに丁寧な対応を

○説明会に関わる関係者への事前の連絡調整・打合せを早めに行う

1 保護者も1年生

入学式を間近に控えた時期の3月。4月から入学する子どもの保護者から問い合わせの電話を受けることがあります。

「上靴の色は何色でもよいのでしょうか」

「給食エプロンは○○で購入したものでもいいのでしょうか」

「鉛筆はどのようなタイプのものでも大丈夫でしょうか」

私たち教職員や、在校生の保護者が当たり前だと思っていることも、初めての入学を控えた保護者にとってはわからないことだらけだということです。「保護者も1年生」。このことを前提に、できる限りの不安を取りのぞき、4月からの学校生活に期待を抱けるように新1年生保護者説明会を企画しましょう。

1年生の生活についての説明は、1年生担任が行う場合が多いかと思います。事前にお願いしておき、1年生の子どもたちの授業の様子や休み時間の様子などの写真を交えて説明してもらいましょう。そのほうが、服装や持ち物についても、参加した保護者はイメージをもちやすいです。

会場は、講堂や多目的室を利用することになるでしょう。学校の正門からの導線も確認しておきます。校舎配置図や案内掲示はわかりやすい

ものになっているか、校舎内の廊下や窓、会場近くのトイレの環境整備は行われているか、教職員、在校生の総力をもって、歓迎の気持ちを伝えられるように準備を進めましょう。

2 できる限り早めに日程を決定する

　説明会に限った話ではありませんが、学校行事等も含めて、多くの保護者は仕事がある中、時間調整をして参加してくれます。可能な限り、早く日程を決定し、お知らせします。そのためにも、関係者へも早めの連絡調整が必要です。保護者説明会に参加してもらう「学用品販売店」「標準服取扱店」「警察署」「児童いきいき放課後事業」「PTA会長」などへの連絡、校内であれば「管理職」「1年生担任」「事務職員」「養護教諭」「栄養教諭」との事前打合せも必要です。会場として使用する講堂や多目的室等は、説明会前日の施設開放や当日の授業では使用ができないことも、関係者へ周知しておかなければいけません。

　当日配付資料は、どうしても多くなってしまいます。封筒の中に1枚色紙を入れておき、封入されている書類一覧や提出書類一覧を記載しておき、その紙を見ればすべてわかるようにしておきます。書類名も一字一句違うことがないように確認します。そういった少しの違いでも保護者は不安に思ってしまいます。複数枚の資料を1部にまとめるときには、必ずページに付番することも忘れずに。どの資料について説明しているのかがわかるようにするなど、少しの工夫が保護者の不安を和らげます。

　説明会の実施時期にもよりますが、可能であれば次年度の4月行事予定も用意しておき、最初の参観日や、家庭訪問の日程などを伝えられるようにすると、仕事の調整をしていただきやすいでしょう。

　ある年の説明会では、説明会終了後に標準服の受け渡しを行いました。すると、かなり混雑して引き取りまでお待たせすることがありました。その反省から翌年度には、説明会前と終了後、どちらでも引き取りが可能なように、時間帯を弾力的に設定しました。混雑も緩和されました。

新1年生の学級編成に
関わるときのポイントは？

保幼小連携での情報共有が重要

○新1年生ならではの配慮事項を踏まえて学級編成を行う

○保幼小連携を定期的に行うためのシステムをつくっておく

1 新1年生特有の配慮事項

　学校によっては、新1年生の学級編成に教務主任が関わる場合があります。保育園や幼稚園との連携を、教務主任が担っていることが多いからです。

　通常の学級編成であれば、以下のような点を配慮して学級編成を行うでしょう。

・学習状況

・生活状況、集団での配慮事項

・健康状態、アレルギー等の有無

　それに加えて、新1年生であれば、以下の点への配慮が必要だと教えてもらったことがあります。

・居住地（登校班、4月は送迎が必要な場合もあるため）

・誕生日（4月生まれか3月生まれか、など）

・出身保育園や幼稚園（偏りが出ないように）

・就学時健康診断での教育相談の内容

直接の出会いの前に、学級を編成しなければならないわけですから、十分配慮して学級編成を行ったとしても、いざ入学してスタートすると、もっとよい編成ができたのではないかと思うこともあるでしょう。

2 保幼小連携、情報共有のために参観に行く機会を

　もし可能であれば、校区内にある保育園や幼稚園を参観する機会を設けましょう。特別支援を要する児童に関しては、入学前に保護者との相談も必要でしょう。教務主任だけではなく、特別支援教育コーディネーターと共に参観させてもらいます。実際の子どもの姿を見ることで、保幼小連携の場だけでは知ることができない情報を得られることもあるでしょう。そうしたことを踏まえて、新1年生担任や特別支援担当、管理職も交えた上で、学級編成に当たるとよいかもしれません。

　また、事前に小学校に来てもらうという連携の図り方もあります。年長児クラスの子どもに小学校見学をしてもらうのです。私が教務主任のときには、1年生の教室で授業を参観してもらう機会を設けていました。

　入学前に、「小学校ってどんなところなのかな」「1年生はどんなことをするのかな」「授業ってどんな感じなのだろう」と実際に見てもらい、スムーズな接続が行えるような接点を設けることもよいかもしれません。小学校に来た年長児が授業を見学する様子を、小学校の教職員も参観することができます。また、保育園や幼稚園の年長児が小学校に出向く回数を増やしたり、5年生児童（翌年度の6年生）との交流会の機会を設けたりすることもできます。子どもたちの小学校への適応にも有効でしょうし、学級編成を行うときの参考にもなるでしょう。

　年間を通して定期的に、**保育士や幼稚園教諭、小学校教諭がコミュニケーションを図れるような機会をつくり、システム化すること**が教務主任の役割といえるかもしれません。日ごろから互いの保育観や教育観を知る機会を設けておけば、新1年生がスムーズに小学校生活に移行するための学級編成に役立つことでしょう。

子どもたちと、
どう関わればよいのか？

学校全体の子どもたちを育てる意識で関わる
○全校児童の成長を見取ることができる。機会を捉えて話しかける
○授業を通して子どもたちとつながることで、教職員間もつながる

1 全校児童に関わることができる

　教務主任になると、職員室での業務が多くなります。そのため、学級担任時代と比べると、子どもたちと直接関わる機会は減ってしまいます。子どもたちの成長を間近で感じることができるのは、教師としての一番やりがいであり、喜びでもあります。そういう機会が減ったことに慣れるまでは、寂しさを感じることもあるでしょう。

　では、教務主任になるとまったくそういう機会がないかといえばそうではありません。節目の儀式的行事や、学校行事を通した子どもたちの姿に、成長を見取ることができます。1つの学級だけではなく、担任時代には見えていなかった全校児童の成長に、自分が関わることができていると思えば、これは**教務主任の特権**だと考えることもできます。

　限られた時間の中で、子どもたちと関わるためには、自ら積極的にアプローチしていくことが大事です。1日の中で、どのようなときに子どもたちと関わることができるのでしょうか。

・登下校時の正門や廊下での挨拶による関わり
・休み時間の運動場で共に遊ぶ関わり

・給食や掃除時間の様子を見て回る関わり

・専科の授業や補教の授業での関わり

・職員室にやってくる子どもたちとの関わり

　このような機会を通して、こちらから積極的に子どもたちに話しかけましょう。大規模校では全校児童の名前を覚えるのは難しいかもしれませんが、できるだけ多くの子どもの名前と顔を一致させられるようにします。家庭記録票や地区別登校班名簿をもとに、だいたいの自宅の場所も覚えておきたいです。子どもたちへの聞き取りや送迎など、教務主任による急な対応が必要になることがあるからです。普段からの関係づくりができていれば、スムーズに対応できるでしょう。

2 授業でつながりをつくる

　子どもたちとの関わりを深めるには、なんといっても授業です。第1章20節p.46-47「補教に入る」で詳細については述べましたが、学級担任が教室を空けなければいけないときには、こちらから「よければ授業をしますが……」と声をかけて、授業をさせてもらえるようにしましょう。

　授業を行うと、自分が教師であったことを再認識できます。やはり、教師の仕事の醍醐味の1つは授業であることも実感できます。また、授業を通して、子どもたちとの関わりも増えます。「また教室に来てください」「この前の授業……」と感想を述べてくれる子どもたちもいるでしょう。教務主任からの一方通行の関わりだけではなく、子どもたちから話しかけてくれる双方向の関わりも生まれます。そうすると、子どもたちの名前と顔をより覚えることもできます。

　また、補教に入ったときの子どもたちの姿を学級担任に伝えることで、教職員間のつながりも生まれるでしょう。

職員会議を効率的に
進めるための工夫は？

「審議事項」「連絡事項」等、議案を明確に整理する
○職員会議本来の機能を理解。資料づくりの工夫や共有化で効率的に

1 職員会議の機能を理解する

　もっと子どもたちと関わる時間が欲しいのに、「今日の放課後は職員会議か……」。など、学級担任時代には、職員会議の日に気持ちがマイナスになることもありました。

　ところが教務主任になると立場は逆転。「会議が多いと子どもたちと十分に接する時間が取れないです」と言われる立場になります。そもそも、職員会議はなぜ行うのでしょうか。法的位置づけを見てみましょう。

> 　小学校には、設置者の定めるところにより、校長の職務の円滑な執行に資するため、職員会議を置くことができる。
>
> 学校教育法施行規則第48条第１項

　第２項では「職員会議は、校長が主宰する。」とも書かれています。「校長が主宰」ですから、学校長の権限や責任のもとに会議が運営されるということです。つまり、職員会議は、決議機関ではありません。

　「回数が多い」「時間が長引く」「労力に見合った成果がない」などで、職員会議はマイナスの印象をもたれがちです。ところが、それらは、法的位置づけを正しく捉えていないがゆえの印象ともいえるでしょう。

では、職員会議にはどのような機能があるのでしょうか。

①校長の意思伝達機能

②教職員の学校経営参加機能

③教職員間の連絡調整機能

④教職員間の研修・研究機能

　職員会議の法的位置づけや機能について、教職員に説明が必要な場合もあるかもしれません。新たな提案や審議事項に関しては、職員会議ではなく、学年主任等で構成される運営委員会・企画会で協議します。

　職員会議の機能を理解した上で、議案が審議事項なのか連絡事項なのかが明確になっていれば、進行もスムーズになるでしょう。審議事項が議案として上がっていれば、事前に協議したり、校長の内諾をもらっておいたりした上で、「職員会議で説明をお願いします」とお願いできます。

2 会議の効率化のためにできること

　まず、職員会議の回数が現状で適切かどうか見直してみましょう。年度当初に、年間の職員会議議案予定を示すことができれば、隔月開催や学期ごとに1回開催など、スリム化することが可能かもしれません。行事に関しては各部会で、連絡事項は朝礼や終礼で、校務支援システムの掲示板を活用して連絡調整が図れることもあるでしょう。

　次に、資料の共有化についてです。会議に必要な書類はデータ資料として共有できるようにすれば、会議前から内容を確認することができます。事前に確認することを前提に進行すれば、より内容を焦点化した会議となるでしょう。

　そして、進行については、資料を確認すればわかることの説明は省き、特に強調したい変更点や追加点、提出期限等のみを口頭で伝えてもらうようにします。その部分が強調されるように、フォントを変えたり、アンダーラインを引いたり、資料づくりの工夫も必要でしょう。

根回しは必要か？

必要だと考えます。根回しは技術です

○**根回しは技術であると同時に手段。日ごろの仕事ぶりが土台になる**

1 根回しのイメージを変えよう

「根回し」というと「物事を進める前に関係者の了承を得ておくこと」の意味で使われますが、みなさんは根回しにどのようなイメージをもっているでしょう。もしかしたら、マイナスのイメージではありませんか。

・根回しは、大きな議案を通すときにだけ行う

・根回しなんて行わなくても、正論であれば議案が通る

・仕事ができない人が根回しをする

・根回しというと裏工作？　卑怯な方法？

　あまりよい印象をもたれない根回しですが、本当にそうでしょうか。

　私は、上記と異なる根回しのイメージをもっています。

・根回しは、日ごろの些細な場面でも行う

・根回しなく正論だけで通せば、その後の協力が得られない可能性も

・仕事ができる人こそ根回しをする

・根回しは仕事を円滑にし、協働するための技術

　学校運営を円滑に進めるために根回しは必要だと考えますし、身に付けたい技術の１つです。例えば、根回しにも優先順位があります。いつ行うのか、どんな場面で行うのか、という状況を判断することも必要です。根回しを行っておけばアクシデントが起こったときにも、組織的対

応でリカバリーできます。ある目的を達成するための１つの技術が、根回しです。まずは、根回しに対するイメージを変えましょう。

2 議案を通すための根回しの技術

通そうとしている議案が、目の前の子どもたちや、学校経営計画、学校風土に適合した議案であるかが重要です。そうした議案であれば、適切な根回しを行えば、会議を通る確率は高くなります。

まずは、議案の内容に対して精通している方の意見を聞いてみましょう。「この部分はいいね」「この部分はもっとこうしたほうがいいよ」「これは○○さんに意見を聞くといいよ」などといろいろアドバイスをもらえます。１回話題にしておけば、この方も頭の片隅で、議案に対してあれこれと考えを巡らせてくれるでしょう。三人寄れば文殊の知恵ではありませんが、よりよい内容にして会議にかけることができるかもしれません。この１つ目の技術が、**鍵となる人への根回し**です。

鍵となる人への根回しをどこで行うのかも重要です。これが２つ目の技術です。どこで**根回し**を行うのか。私は職員室や、大人数が集まる研修会や打合せの場で話題にしていました。なぜなら、その話題を多くの人が知ることになるからです。場合によっては、議案の内容が周知され、その場で大方が決定することもあります。

そして、**最終決定権をもつ方への根回し**を忘れないことです。学校であれば校長や教頭など管理職がその権限をもつでしょう。学校経営計画や目の前の子どもたちのためとなっていること、教職員の業務効率化につながる案であることを説明できるように、自身も論をもった上で根回しを行いましょう。**根回しをして案を通すことは手段**です。その先にある目的が明確な上で根回しが行えるのであれば、みなさんが協働してくれるでしょう。また、**何を言うのかではなく、誰が言うのか**という点も重要です。日ごろの仕事ぶりも、根回しを行うための土台づくりです。

それらを含めて、根回しは技術だといえるのです。

職員室内は、
どう設計すればよいのか？

職員室を中心に、資料室や倉庫を自分の教室にしよう
○動きやすく使いやすく、居心地のよい職員室設計を考えよう

1　職員室内の掲示物をどう整備するのか

　学級担任時代は、自分の学級の教室がありました。子どもたちが動きやすい導線を考えたり、どのような物を置いたりするのかなど、教室環境を整えることも、学級経営のポイントの1つでした。教務主任には、その教室がありません。そのため、職員室や資料室、倉庫を自分の教室だと思って設計していきましょう。

　そう考えると、学級担任時代の教室設計と考え方は同じです。

・**教職員が動きやすいように、使いやすいように設計する**

　例えば、職員室内の掲示板で考えてみましょう。どの学校にも、職員室内に、いくつかの掲示物があるはずです。この掲示板を整備することも、職員室設計の1つだと捉えられます。

　私は、以下のようなものを掲示していました。

・学校のきまり

・日課表、時間割

・学級児童数（家庭数）一覧

・クラブ活動、委員会活動の担当者と児童一覧

・たてわり班の担当者と児童一覧

・地区別登校班の担当者と児童一覧、校区地図

・教職員の各種当番表

・給食献立

・最寄駅（バス停）の時刻表

「学級児童数（家庭数）一覧」は、印刷機の前にも掲示しておくと、印刷を行う人が助かります。児童数に変更があったときは、管理職、管理作業員、養護教諭、栄養教諭、事務職員にも一覧の更新した最新版を渡していました。給食数の変更や事務書類作成に必要だからです。

　また、年間行事予定や月中行事は、職員室前面の行事予定黒板に掲示します。行事予定黒板の活用については第1章10節p.26−27「抜きの技術」をご覧ください。

　掲示物の一例だけでも見てもらうとわかると思うのですが、教職員から聞かれることが多いものに関しては、いつでも見られるように掲示物として整備しておけば、お互いがストレスフリーです。教務主任になった途端に、驚くようなタイミングで「それ、私に聞きます？」ということが多くあります。問い合わせが多いことに関しては、いつでも示せるように準備しておきましょう。

2 そのままにしておかない

　汚れたまま、壊れたままを放置しないということも心がけます。職員室で仕事をしているとあることに気付きました。いつも気付いて、ゴミ捨てに行ってくれたり、コピー機のインクを替えてくれたりしてくれる教職員がいることに。見えない部分に気を配っている姿に、尊敬の念を抱くとともに、その方に時間を取らせてしまったことを申し訳なくも思いました。私はできる限り、ゴミ箱はマメにチェックするようにしました。

　機械の故障は業務を滞らせて、みなさんにストレスを与えることになります。迅速な対応を心がけるとともに、お詫びのイラストを描いた紙を貼るなど、少し遊び心ももって対応していました。「職員室がみなさんにとって居心地のよい場所になるように」職員室を設計しましょう。

膨大な書類をどう処理していけばよいのか？

書類処理もすべて技術です
○その場主義を心がける。書類処理も技術を身に付ければこわくない

1 ToDoリストも作らない

　教務主任のもとには、紙の書類、データの書類、郵便物、メール……いつも膨大な書類が押し寄せてきます。「これは後で……」と、ちょっと油断すると、あっという間に机の上には大きな山が。

　そんな事態を避けるために意識したいことは、

「その場主義」

　目にした瞬間、手に取った瞬間に処理するということです。ToDoリストを作ったり、マニュアルを作ったりする重要性をここまでの章で述べてきましたが、それらを作るにも時間は必要です。また、後でやろうと思うと、「何についての書類だったかな」と思い出すためにも時間を割かなければいけません。仕事の緊急性や重要性にもよりますが、すぐに記入できるアンケートや入力すればすぐ済む書類に関しては、その場で処理します。再度データを探して開くための、その時間も短縮できるわけですから。極端な話、**書類を保管しない**（その場で完了させる）のが**最大の書類の処理術**かもしれません。

　けれども、保管が必要な重要書類もあります。そういった書類の処理に関しては、第 1 章17節pp.40−41「書類の整理術」や第 1 章18節pp.42−43「データの整理術」を参考にしてください。

2 書類処理は整理３原則で

「整理３原則」という言葉を聞いたことがありますか。次の３つです。

①分ける　　②戻す　　③捨てる

「分ける」とは、**使用頻度で分類する**ということです。

職員室を例に考えてみましょう。

・机上や机の中に置いてすぐ使えるようにするもの（行事予定や文具類）
・教務棚に入れておくもの（職員会議書類や昨年度の書類ファイル）
・資料室に置いておくもの（過去の資料や大きな道具）

書類は寝かせた時点で、その存在を忘れてしまいます。分けるときは立てて置くことを意識しましょう。

「戻す」とは、**同じ住所に住まわせる**ということです。性質が同じような書類、セットで使うものは定位置を決めて固めておきます。紙の資料は、Ｂ判はすべてＡ判にコピーするなどサイズをそろえると、後で見返すときに便利です。データ書類も「ファイル名のルールを決める」「関連データは１つのフォルダに入れる」など定位置を決めましょう。

そして、「捨てる」です。**書類にも消費期限を設けます**。表紙やファイルに「○月○日作成」と記すのと併せて、「捨（廃棄日）○月○日」とセットで記入するのです。そして、捨てるときは機械的に捨てます。中を見返してしまうと、「後で使うかも」「捨てると困るんじゃないか」と思って、結局廃棄できなくなります。ときには、どうしたらいいかわからない書類もありますが、一時保管ボックスを作っておき、保留します。これも一定期間見なければ、これも機械的に捨てていきます。

もう１つ付け加えると、**書類処理、整理を習慣化する**ということです。まとめて時間を取ろうとするのではなく、「毎日５分」「毎週１回」「毎月１回」「半年に１回」など、自身の仕事に合わせて習慣にします。

このように書類処理にもいくつかの技術があります。そうしたことを意識すれば、膨大な書類に押しつぶされることもなくなるでしょう。

学校だよりは、どのような内容で構成するのか？

> **学校への関心を高めてもらうための情報で構成する**
> ○保護者・地域と学校をつなぐツール。伝わる言葉にして届ける

1 保護者・地域と学校をつなぐ

　ホームページや保護者メールなど、学校と保護者がつながる媒体はデジタル化が進んでいます。学校だよりもデータ化して配信する学校が増えてきているかもしれません。ただ、学校だよりは保護者だけではなく、地域と学校がつながるための媒体の１つでもあるため、デジタルデータにしろ、紙媒体にしろ、学校に関わる方たちに広く届けられるようにします。学校への関心を高めてもらえるような情報を発信し、積極的に学校に関わってもらえるようにしましょう。内容次第で、学校だよりを通して、双方向の関係を築くことにもつながります。

　以下のような内容を掲載することが考えられます。

・学校経営計画に関すること、学校長の声
・学校の特色、特別な取り組み
・毎月の生活目標
・行事予定
・学校行事の目標や内容
・会計関係の引落日
・行事や授業での児童の様子
・保護者や地域の声

書くときには、読者を想定します。主な読者は保護者や地域の方ですから、教育用語などは伝わる言葉にして届けましょう。

2　学校行事の趣旨も発信する

　資料5の学校だよりには、児童会行事をどのような目的で行っているのか、その趣旨を掲載しています。なぜ、異学年で交流する児童会行事を実施しているのか、学校としてのねらいを保護者や地域に広く知ってもらうためにも、こうした情報も積極的に発信します。

資料5

教務主任だよりには、どのようなことを書くのか？

見えないところを届ける

○実務が円滑に進んでいるからこそ発行できる。副次的なもの

○教職員には、なかなか見えないところを書き記して配付する

1 教務主任理解のための1つの方法

　第1章12節pp.30−31では、「教務主任理解」について書きました。教務主任の業務の性質上、職員室での滞在時間が長くなります。教職員とコミュニケーションを深めていくには、効果的なしかけが必要です。けれども、他の教職員は職員室で過ごす時間が少ないことも事実。そんな状況で、教務主任の考え方や現在取り組んでいる仕事、今後の学校運営の見通しなどを知ってもらうためにはどうすればよいのか。

　考えた1つの方法が「教務主任だより」の発行でした。

　教務主任になってから、取り組んだ仕事の記録や考えたこと、覚書やマニュアルづくりなど、さまざまなことを記録してきました。それを自分だけのものにしておくのではなく、全体に発信することで何か役立つこともあるのではないかと思い、書き始めたのが発行のきっかけです。

　現在、見返してみると主に以下の内容を記していました。

・教務主任の実務について

・学校経営計画や教育課程の編成について

・学校行事のふりかえりのまとめ

・小中連携や保幼小連携で話題に上がったこと

・PTA実行委員会や学校協議会で話題に上がったこと

・各時期の学級経営で意識したいこと

・提出物や取り組むべきことのチェックリスト

・研修や講演会で学んだこと、読書記録

　教務主任理解の1つの方法に過ぎないので、書く内容は何でもよいでしょう。ただ、そこには必ず自分自身の考えも書き記します。それが、教務主任理解につながるのだと思います。

　その他にも、発行自体が目的にならないように気を付けなければいけません。実務が疎かになっては本末転倒です。実務との兼ね合いを見ながら、どうせ発行するのであれば、自分にとっても教職員のみなさんにとっても有益な1枚になるような内容を書き留めましょう。

2　保護者や地域の声を届ける

　教務主任が担当する小中連携や保幼小連携、PTA実行委員会や学校協議会などで話題に挙がることは、なかなか教職員には届きにくいです。私自身も学級担任時代はほとんど気にもしていませんでした。しかし、このような場で話題に挙がることは学校運営にとって重要なテーマになることもあります。また、教職員のみなさんに届けたい保護者や地域の声もあります。普段はなかなか見えないところを「教務主任だより」に書いて配付すると、教職員のみなさんにも学校運営に携わっている意識を高めてもらうことができるでしょう。

資料6

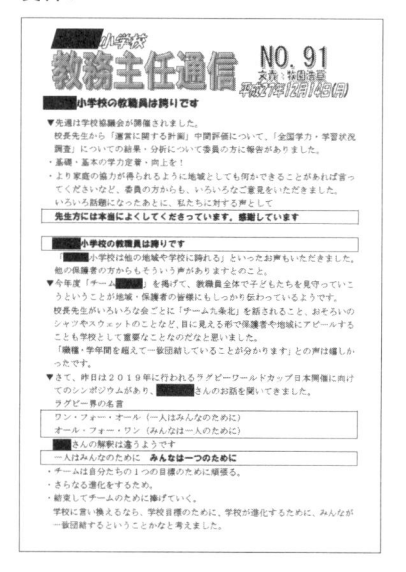

職員室の雰囲気づくりで意識したいことは？

感謝と敬意の気持ちを忘れない

○どこかで誰かに支えられている。日ごろの積極的なコミュニケーションを欠かさない

1 「私たちがやるからいいのよ」

学校協議会に向けての資料づくりに追われているときのことです。

職員室である先生が、次のようにおっしゃいました。

「教科部会で、職員室の書棚の資料や教材をもっと活用していこうという話題が上がったんです。今日の放課後はゆとりがあるから、整理整頓しようと思うのだけど……時間ある方はご協力お願いします」

いつも発信力や発言力のあるリーダー的存在の方の呼び掛けでしたので、多くの先生方が、協力して整理整頓にかかっています。

私はというと、「元々予定にはなかったことだし。申し訳ないけど、今はそれどころじゃないので……」と、聞こえないふりをして、締め切りが間近に迫っている学校協議会に向けての資料づくりに没頭している雰囲気を出すことに決め込みました。

そんな私を見て、みんなが協力して作業をしているのに何で1人だけ自分の仕事をしているんだと思った方もいるはずです。呼び掛けに反応した多くの方が集まってきて作業をしているわけですから。

そんな雰囲気を知ってか知らずか、あるベテランの先生が次のように言ってくれたのです。

「今の時期ね、私たち担任は余裕があるけど、たいがいそんなときは教

務主任ってすごく忙しいのよ。仕事のサイクルが違うんだよね」

　さすがに、その声を聞いた私は「みなさん、申し訳ございません」と声を上げました。すると、その先生が続けて、

「牧園さん、これは私たちがやるからのいいのよ。気にしちゃだめだからね。私たちはいつも助けてもらっているし。牧園さんは牧園さんにしかできないことをやって。逆に私たちが忙しいときには、牧園さんにはもっと働いてもらうから」

　このように言っていただいたのです。

「この御恩は一生忘れません」と、お互いに笑い合って終わり、その場の雰囲気が和んだことを覚えています。

　最初に聞こえないふりを決め込んだ自分を恥ずかしく思ったものです。

2　互いを知る

　そのベテランの先生は、教務主任の経験がある方だったのです。それに、日ごろから職員室で教職員のみなさんへの声かけを積極的に行っている方でした。誰がどのような考えをもって教育活動に臨んでいるのか、そうしたことまで把握されていたのだと思います。ご自身の考えやこれまでの経験も常に発信していましたし、若い先生方にも「困っていることない？」「一緒にやろう」とよく声をかけていました。

　私はこの先生に、職員室の雰囲気づくりを学びました。

・互いの立ち位置や仕事の状況を知る

・そのために日ごろの積極的なコミュニケーションを欠かさない

・立場を理解した上で、言うべきことは言い、やるべきことはやる

・できないときは周りを頼る。感謝と敬意の気持ちを忘れない

　組織の潤滑油のような存在。教務主任がこのようなことを意識していればきっとよい雰囲気の職員室になるでしょう。もちろん自分がそんな存在になるのは難しいと感じれば、誰かを頼ればいいのです。

校内研修にどう関わっていけば よいのか？

義務感、負担感をもたせないような工夫を

○研修は「私でもできそう」から、「楽しい」と感じる工夫を

1 新年度の時点で、年間行事予定に組み込んでおく

　ある年に、若手教員研修を担当することになりました。研修を企画するに当たり、心がけたポイントを当時の資料を基に見ていきます。

　どのような研修を企画するときにも、共通するポイントとなります。教務主任は指導と助言を行う立場ですから、研究部（研修部）と連携の上、積極的に校内研修にも関わっていきましょう。

・研修の目的

　公的文書が根拠

・対象

　誰でも参加が可能

・時間設定

　30分。開始終了時刻厳守

・研修内容

　アンケートの声を中心に

・報告

　研修内容を書き、後日　教職員に配付

・行事予定

　新年度の年間行事予定にあらかじめ組

資料7

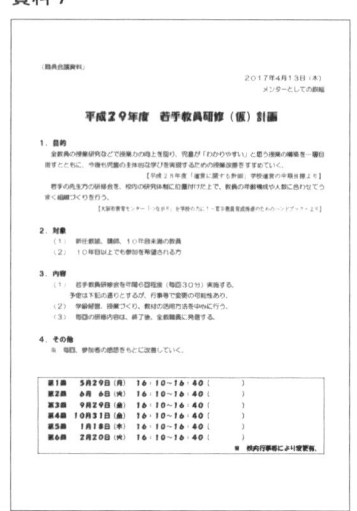

み込んでおく（急に予定しない）

2　研修を楽しみにするための工夫

　以下の資料は、研修前に配付したものです。ネーミングや時間設定も重要です。"ミニ"研修として、30分間に設定すると、負担感は減るのではないでしょうか。また、自主研修会といっても、一部の教職員だけで行っているというような見方をされないように、研修前の資料や、事後資料は全教職員に配付していました。

　せっかく時間を取って行うのですから、みなさんに「私にもできるかも」「明日からやってみよう」と思ってもらうことが重要です。先輩教員だからできると思われないように、**失敗から学んだことをできるだけ具体的に伝える**ようにしていました。研修会が定着してきたら、担当を持ちまわりにするのも手段の１つです。そうすると、受動的な研修から能動的な研修へと変化していくでしょう。

　このような研修会は、**義務**だと感じた途端に学びは半減すると思っています。できる限り教職員の主体性を引き出せるような工夫を凝らして実施しましょう。

資料8

○○小学校 **若手研修だより NO．1**

平成28年5月11日（水）
担当：牧園 浩司

5月12日（木）16：10〜16：40 6年1組教室
ミニ研修を行います。ぜひ、ご参加ください。（自主参加です）

ミニ研修をやりましょう！

▼4月の職員会議でお知らせした通り、今年から「若手研修会」（ミニ研修）を**年6回程度**行います。
　メンターが中心となって、校内研修を行い、学校全体を活性化していこうという大阪市の取り組みの一貫です。今年度は研修の組織・システムづくりを行い、来年度以降につなげていけたらと考えています。
▼学級経営、教科指導、指導案の書き方、特別支援教育など、テーマはいろいろ考えています。**研修は楽しいのが1番**です。
　10年目未満の方対象ですが、自主参加大歓迎ですので皆さんよろしくお願いいたします。**毎回30分程度の短時間**で行います。
　（研修の内容は、この通信で事前に紹介、終了後も報告します。）
▼さて、第1回目は学級経営のことを話します。
　僕も、よく知らずにやっていたことが、実は子どもにとってもよくなかったということがたくさんあります。自分の失敗から学んできたことです。
　では、**突然ですが問題**です。次の事例の何が問題なのでしょうか。

> 先生「今からやる活動について説明します。
> 　　　　　　　　　　　　　1回しか言いませんからよく聞きなさい」
> 　聞いていないため、活動ができない子がいた
> 先生「何でやらないのですか」
> 児童「聞いていなかったので、やり方がわかりません」
> 先生「1回しか言わないからよく聞きなさい、と言ったでしょ
> 　　　　　　もう1回だけ説明しますから、よく聞いていなさい」

　学級経営の根幹にかかわることです。
　少し考えてみてください。今回は、このような事例について取り上げます。
主な内容：学級がうまくいかない原因を考える（自分の失敗体験から）
　16：10〜16：40　6年1組
　　① 子どもに伝える2つのメッセージ
　　② 何が問題なのでしょうか
　　③ 問題を解決するためにするべきこと
　16：40〜16：45　感想・質問などがあれば。
持ち物：筆記用具、飲み物（各自必要な方はどうぞ）

保護者・地域と
学校がつながるために
できることは？

チーム学校のメンバーとして互いに尊敬し合う関係に
○チーム学校の一員として、感謝と尊敬の気持ちを言葉で伝える
○教職員や子どもたちに、保護者や地域と学校の関わりを知らせる

1 保護者とつなぐ！？

　教務主任になるとPTA関係の実務を担います。連携を図るための窓口が教頭、実務を教務主任など、教頭と協働して保護者と連絡調整を行うことになるでしょう。保護者から見れば、教頭や教務主任は学校とのパイプ役であり、教職員の中でも身近な存在といえるのかもしれません。したがって、接点が多い教務主任は、保護者と学校とをつなぐ役目を担っています。

「つなぐ」という言い方は語弊があるかもしれません。多くの保護者は、学校のために自分たちができることはないかという思いで活動に参加してくれます。

　PTA実行委員会や学校行事に向けての準備は、平日の夕刻に行われることが多いです。仕事や家事の時間を割いて参加してくれていると考えれば、感謝と尊敬の念が湧いてきます。

　元々つながっているチーム学校の一員という思いで接していくことが大切です。こうした思いが言動や行動に表れます。教務主任はそうした思いや状況を汲んだ上で、**機会あるごとに感謝や敬意を言葉にして伝え**ましょう。教務主任には、その機会が多くあります。

・保護者が来校したときの職員室で

・学校行事に向けての準備や学校行事のとき

・PTA実行委員会

・学習参観や学校説明会

・PTA関係の行事実施日

　見返りを求めるのではなく、心からの感謝の思いを伝え続けていると、保護者は学校の応援団になってくれます。学校の力だけでは限界のある、行事での見守り、準備や片付け、生活指導事案の対応、校内環境の整備等に積極的に関わってくれます。

　チーム学校のメンバーですから、互いに1人の人間として、尊敬し合う関係を築いていきたいものです。

2　地域とつなぐ！？

　教務主任は地域の方たちとも接点が多くあります。まず、教務主任自身が、**地域の方がどんなところで関わってくれているのかを知る**ことが第一歩です。

・学校協議会

・学校行事の来賓

・民生委員児童委員

・登下校の見守り隊

　学校行事になぜ地域の方を来賓として招待しているのか。担任時代はそんなことはまったく考えたことがありませんでしたが、教務主任になってその意味を知ることになりました。それ以降は、保護者と同様に、感謝や尊敬の念を抱かずにはいられません。接するごとに、思いを言葉で伝えていきましょう。

　保護者・地域と学校がつながるために教務主任ができることは、教務主任になって知ったこれらの事実（見えない多くの面で学校に関わってくれていること）を、教職員や子どもたちに伝えることだと思います。

学校の施設開放は何のために行っているのか？

社会教育やスポーツ振興のため

○政令により、学校施設の使用が認められている

○ただし、「学校教育上支障がないと認める限り」という条件付き

1 学校施設を使用できる根拠

　教務主任になって出席した会議の1つに「施設開放利用者会議」がありました。どのような内容かというと、講堂や運動場、多目的室などの学校施設の使用について、どの団体が、いつ施設を使用するのかを連絡調整する会議でした。

　休みの日に、子どもたちのスポーツクラブや、PTA団体が運動場を使用しているのを目にしたことがあるでしょう。また、多目的室や特別教室で、地域団体が学習会を行っているのを見たこともあると思います。

　会議に出席して改めて、「なぜ、学校施設をいろいろな団体が使用しているのだろう」という疑問が湧いてきました。

　その根拠は、学校施設の確保に関する政令で定められています。

> 学校施設は、学校が学校教育の目的に使用する場合を除く外、使用してはならない。　　　　　学校施設の確保に関する政令第3条

原則「学校が教育の目的に」使用することになっています。

ただ、第3条には但し書きがあり、

但し、左の各号の一に該当する場合は、この限りでない。

一　法律又は法律に基く命令の規定に基いて使用する場合

二　管理者又は学校の長の同意を得て使用する場合

「法律に基く命令の規定に基いて」ですから、選挙の投票所としての使用や災害時の避難所としての使用などがこれに当たります。

　前述した、スポーツクラブや地域団体などの使用が「学校の長の同意を得て」に当たるでしょう。

2　条件付きでの使用許可

別の法律においても、学校施設の使用について述べられています。

> 学校の管理機関は、学校教育上支障がないと認める限り、その管理する学校の施設を社会教育のために利用に供するように努めなければならない。　　　　　　　　　　　　　　　　社会教育法第44条

「努めなければならない」とあります。スポーツのための利用に関しても、同じような法律があり「努めなければいけない」と書かれています。社会教育やスポーツ振興のために、積極的な使用を認める必要があるのです。

　ただし、「学校教育上支障がないと認める限り」とも書かれています。

　つまり、児童会活動、体育行事、儀式的行事などの実施日に向けての準備期間には、施設の貸し出しは行わないことになります。最優先されるのが、学校教育の目的に関しての使用ですから。

　学校施設を使用する団体の多くは、地域住民の方々ですから、施設開放の利用者を通して、学校と地域とをつなぐことができると思えば、学校の施設開放にも大きな意味があるのでしょう。

電話対応では、どういうことを心がけるとよいのか？

> 「学校の看板」を背負っている意識で
> ○顔が見えないからこそ、言葉や表情まで、心がけた対応をしよう

1 名を名乗る

　ある学校に電話したときのことです。電話に出た相手（Aさん）とのやりとりは次のようなものでした。

Aさん「はい…　…　…」

私「○○小学校でしょうか？」

Aさん「はい…　…　…」

私「お世話になります。○○小学校の牧園と申します」

　電話をかけたのが私ではなく、保護者や地域の方だったらどうなっていたでしょう。その人個人の印象ではなく、「○○小学校は～」と学校全体の印象を悪くしていたかもしれません。これは極端な例かも知れませんが、電話に出たその人が学校の印象を決めることもあります。電話対応は「学校の看板」を背負っている意識をもちたいものです。

　まずは、電話に出たら「はい、○○小学校の牧園でございます」と、名を名乗るということです。午前10時まででしたら「おはようございます。○○小学校牧園でございます」、コール音を３回以上鳴らせてしまったら「お待たせしました」という言葉も添えましょう。教務主任は電話に出る機会も増えます。**誰よりも早く出ることも心がけましょう**。

　「学校の看板」を背負っていると意識すると、電話に出るのが億劫に感

じるかもしれませんが、いくつかのポイントを踏まえた上で回数を重ねないと電話対応も上手くなりません。私も社会人になりたてのころ、電話対応で数多くの失敗をしました。失敗から学んだことを紹介します。

2 心がけたいこと

①身内への敬語

これもある学校に電話をかけたときですが、「校長先生は今いらっしゃいません」と、電話口で応えられたことがあります。校長を含め校内の教職員（身内）に対しては、先輩であっても電話では敬語は使いません。「学校長は不在です」「○○（校長名）は席を外しております」などと対応します。教職員が休暇で不在のときも同様です。

②電話をつなぐため待ってもらうとき

職員室で電話を受けたとき、教室や校内にいる教職員に電話をつながなければいけないことがほとんどのはずです。緊急であれば「職員室に不在です。おつなぎしますので、少々お待ちいただけますか」と了解を取った上で、内線をつないだり、校内放送で呼び出したりします。緊急でなければ、「差し支えなければ、ご用件をお伺いして、○○に申し伝えますが……」と伝言を預かるか、「○○は、ただいま席を外しております。後ほど、こちらからお電話差し上げるように申し伝えます」と相手の都合のよい時間も併せて確認するとよいでしょう。外線を教室に回せない学校もあります。毎回、電話のために職員室まで走ってきてもらうのは申し訳ないと思っていたので、緊急を要さない場合は、伝言を預かるか、折り返すようにすることを私は心がけていました。

③名前や用件の確認を再度行うとき

メモをとりながら電話を受ける習慣を身に付けますが、聞きとれなかったり聞き逃したりした場合は、素直に「申し訳ございません。念のため、もう一度……」と伝えて聞くようにします。名前や用件が曖昧なまま電話が進んでから、「もう一度」と聞いては相手もよい気持ちはしません。

校区内でのトラブルには
どう対応するのか？

組織的な連携で子どもたちの安全を守る

○日ごろからのつながりを大切に、緊急時には組織的連携を

1 広く周知して、組織的連携を

　教務主任が受ける電話の中には、地域の方や警察からのトラブルに関する連絡もあります。電話を受けたときに、学校としてどのような動きができるのかは、これまでの経験や、日ごろの心がけが重要です。

　不審者情報の連絡が学校にきた事案を基に考えましょう。心がけたことは、広く周知し組織的連携を図り、子どもの安全を守ることです。

2 不審者情報への対応

■午前8時　子どもたちの登校と重なる時間帯

・地域の方から電話が学校に入る。不審者情報。警察に連絡済みとのこと

・教務主任から管理職に報告。学校の対応を判断

①目撃情報があった付近の集団登校班に職員が1名向かう

②管理作業員、教務主任が自転車で校区内巡視 (学校の腕章を携帯)

③教頭から地域防犯担当者に連絡

■午前8時10分

・パトカー数台がサイレンを鳴らしながら校区内巡視

・数名の警察官が自転車で校区内巡視

- PTA役員の保護者が、情報を知り自転車で校区内巡視
- 地域防犯の方も自転車で校区内巡視
- 騒ぎを聞きつけた保護者、地域の方が、集団登校集合場所に待機
- 生活指導主任が付近の公園を巡視

■午前8時15分

- 目撃情報があった付近で、警察官数名が周辺住民への聞き込み
  この時点でまだ、詳細不明

■午前8時25分

- 集団登校班は、全部の班の登校を確認
  1時間目が運動会全体練習の日
- 運動場集合時に、学級担任による出席状況の確認

■午前8時30分

- 運動会全体練習開始
  登校できていない遅刻の子どもが数名。職員が校区内巡視を続ける
- 校長は運動会全体練習。教務主任は職員室待機
- 下校時、集団下校の可能性を考えた対応

■午前8時55分

- 教頭が警察署に連絡。不審者の身柄拘束の情報
- 教職員への周知。下校時に気を付けることを指導するように伝える

■午前9時00分

- 校長名の保護者メールを配信。事実を伝える
  保護者・地域への感謝。引き続き登下校時の見守りの協力依頼

　登校時間帯で、一部情報が錯綜していたこともあり、どの段階で、どこまでの内容を保護者や地域に連絡するか判断が難しい事案でした。警察との連携のもと、広く周知する判断をして対応したわけです。

　この対応がベストかはわかりませんが、警察署、学校、保護者、地域が連携をスムーズにとること、そのためには日ごろのつながりが重要であると実感したことを記憶しています。

教師が知っておきたい著作権とは？

「文化の発展に寄与すること」という目的を忘れずに
○許諾なしで著作物利用を認められる条件を正しく理解。適切に利用

1 授業の過程における利用

　授業で視覚的な理解を促すために写真やイラストを提示したり、動画を視聴したりすることがあります。教務主任が関わる儀式的行事や学習発表会、運動会や修学旅行などの学校行事では音楽を流したりすることがあります。

　著作物を学校で取り扱う場合に、私たちは、どのようなことに気を付ければよいのでしょうか。

　学校で、著作物を著作権者の許諾を得ずに利用しても著作権侵害にならないのは「著作権法第35条」に定めがあるからです。

　第35条を確認して、以下の基本的な考え方は知っておきましょう。

・学校その他の教育機関における利用であること
・教育を担任する者及び授業を受ける者が対象であること
・授業の過程における利用に供することを目的としている場合
・必要と認められる限度において
・公表された著作物を複製したり、公衆送信を行ったりできる
・ただし、著作者の利益を不当に害してはならない

「授業ではなく、学校行事で著作物を使用してもよいのか」と迷うこともあるかもしれません。学校行事は学習指導要領において「特別活動」

にあたるため、「授業」として認めることが申し合わされています。

　学校行事における著作物の利用については、「著作物の教育利用に関する関係者フォーラム」（https://forum.sartras.or.jp/）に基本的な考え方が説明されています。「改正著作権法第35条運用指針」（初等中等教育における特別活動に関する追補版）も、ぜひ読んでおきたい資料です。

2　文化の発展に寄与する

　著作権というと、「著作権侵害にあたるのでは……」と著作物の利用に及び腰になりがちです。もちろん、権利者の利益を守るためのものであり、不当に害さないという心がまえは常にもっておかなければいけません。しかし、本来であれば利用できるはずの状況においても制限をかけてしまっては、教育効果を下げてしまうことにもなります。
「著作権法第1条」の目的も知っておきましょう。

　　文化的所産の公正な利用に留意しつつ、著作者等の権利の保護を図り、もつて文化の発展に寄与することを目的とする。

　学校で、教育目的であれば許諾を得ずに著作物を利用できるということは、「文化の発展に寄与する」という考え方が基になっているのです。「学校だから利用できる」のではなく、「文化の発展に寄与するから利用できる」という前提を理解した上で、前述したような資料で、さまざまな事例から著作権について学んでおきましょう。

　例えば、著作物ではあるものの、著作権保護の対象にならないものもあります。「憲法その他の法令」「国や自治体などが発する告示、訓令、通達」「裁判所の判決、決定、命令」「国や自治体などが作成するもの」。

　これらは「著作権法第13条」に詳しく書かれています。学校で作成する資料に、教育基本法や学習指導要領を、そのまま記載できるのは、この第13条が根拠となっています。

儀式的行事の司会を行うときに意識したいことは？

司会は会を司る
○理想の司会像のイメージをもち、イメージに近づく努力を

1 言葉を削ることで厳粛な雰囲気を生む

　教務主任になって初めての卒業式。緊張のあまり前日に、ある先生に次のように質問したことを今でも覚えています。

「明日、卒業式です。司会をするんです。心がまえを教えてください」

　その先生がおっしゃったことが、

「無駄なことは言わない」

　この教えは、儀式的行事に限らず、あらゆる場で司会をするときにいつも心に留めています。

　卒業式でいうと、「学校長式辞」「来賓祝辞」「校歌斉唱」と、**言葉を短くする。言葉を削る。**「お願いします」「ありがとうございました」「心を込めて歌いましょう」というような言葉は卒業式にはそぐわない。入学式であればまた雰囲気は異なるでしょう。儀式的行事の目的に沿った言葉を厳選して準備しておきなさい。そう教えていただきました。

　初めての卒業式の司会後、ベテランのＡ先生に声をかけていただいたことも今でも記憶しています。

Ａ先生「卒業式、名司会だったね」

牧園「『無駄なことを言わない』を意識しました」

Ａ先生「それがスッキリしていいのよ」

言葉は短ければ短いほどいい。そのほうが、式は厳粛になるようです。

2 時には、言葉を加える

　声のトーン、速さ、間、立ち居振る舞い、マイクの扱い方……。

　司会に関する書籍は、数多く出版されています。技術向上のためには、そのような書籍から学ぶことも大事でしょう。また、理想の司会像をもつことも技術向上には重要です。人はイメージがあれば、そこに近づこうという意識が働きます。あの人が司会をすると雰囲気が変わる、温かな空気感を生み出すことができる、そういう方から学びましょう。

「言葉を短くする」重要性を述べましたが、式場の進行状況や空気を読みながら言葉を加えることも必要です。コロナウイルスの影響で在校生の参加がかなわなかった卒業式では、卒業生が退場した後、保護者に向けて次のように伝えたこともありました。

「保護者のみなさまありがとうございました。マスク着用や、換気のための式場の環境など、保護者のみなさまのご理解・ご協力のもと無事卒業式を挙行することができました。さまざまな制約がある中での卒業式となりました。できる最大限の卒業式を、6年生担任を中心に、教職員で考え準備を進め、本日を迎えることとなりました。本日出席はかないませんでしたが、在校生代表である5年生の子どもたちからは『6年生をお祝いしたかった』という声をたくさん聞いております。また、臨時休業でなければ卒業をお祝いする会で在校生たちから色紙と首飾りをプレゼントして卒業生をお祝いする予定でした。そのプレゼントは、この後教室で卒業生に渡すことになっていますので、紹介させていただきます。

　本日の卒業式を胸に、卒業生たちが前進して、活躍してくれることを在校生、教職員一同願っております。本日はお子様のご卒業おめでとうございます」

　司会が会を司る。時には、学校の思いを代弁することがあってもよいかもしれません。

周年行事をどう企画するのか？

いかに既存行事と関連付けるのか
○既存行事と関連付けながら、周年行事への期待感を高める

1　経験者を頼る

　創立50周年、100周年などの周年行事は、そうそう経験できるものではありません。教職員の中でも、経験した方のほうが少ないでしょう。私は教務主任のときに創立100周年を経験しました。周年行事も初めてですし、しかも100周年です。盛大な式典や祝賀会が行われるということもあり、企画委員会が立ち上がってから、数年間かけて準備を進めていたことを記憶しています。

　まず、行ったことは、**周年行事を経験した方へのヒアリング**です。身近なところでいえば、管理職、同僚に聞きます。他にも、ホームページで調べて、100周年式典を行った学校に連絡を取り、経験者の方の話を聞く時間を取っていただきました。可能であれば、記念冊子や当時の資料、データも見せていただきます。自分の頭の中で、周年行事の具体的なイメージを描くところからのスタートです。

　次に行うことは、予算立てが必要なものについて、管理職や事務職員、管理作業員と早めに計画するということです。パイプ椅子などの物品は、毎年の儀式的行事と関連付けて、来たるべき日に向けて少しずつそろえていくことが必要でしょう。

　当該年度の行事予定に関しても、早め早めの計画が必要です。100周

年のための行事を新設するのではなく、**既存の行事と周年行事を関連付**けることができれば、子どもたちも教職員も負担なく取り組めます。また、マスコットキャラクターやマスコットの名前を、子どもたちから**募集**することで、子どもたちも、自分たちで周年行事を創っていく意識をもつことができます。児童会活動部との連携が必要です。マスコットが決定したら、配付物にプリントしたり、各行事でマスコットが登場したりすることを行えば、お祝いの雰囲気も高めていけます。

2 細案、役割分担を明確に

　校内の動きや役割分担はもちろんのこと、保護者や地域の方の動きも把握しておかなければいけません。以下のような資料を基に、全体の指針となる資料作成が教務主任の最大の仕事といえるでしょう。

資料9

資料10

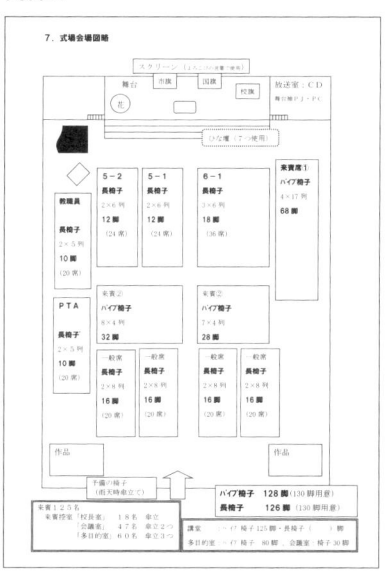

「仕事をふりかえる」とは、具体的に何を行うのか？

> **とにかく記録。記憶は風化するが記録は財産になる**
> ○仕事で考えたこと、気付きを記録して出力することで血肉化される
> ○記録すると同時に、仕事をふりかえることになっている

1 何のために出力するのか

　本書では、「ふりかえり」や「仕事をふりかえる」という言葉を複数回使い、その重要性について述べてきました。

　では、「仕事をふりかえる」とは具体的にどういうことなのでしょう。

・出力する（アウトプット）

　実務を進める中で「あれもやってみよう」「こうしたらよくなるのに」という考えが浮かぶときがあります。また、行事を終えたときに、「次回をもっとよくするためには」「効率的に行うには別の方法で」などの考えが浮かぶときもあります。そうした考えを、**出力する**（アウトプット）ことが、**仕事をふりかえる**ことになるというのが私の考えです。

　仕事をしていて、「～したほうが」「やってみた方が～」と、多くの人が考えることでしょう。ただ、考えを実行に移している人は少ないのではないでしょうか。私がそうでした。考えただけで終わり。考えたことを「するか」「しないか」、この差はほんの少しの違いかもしれませんが、果てしなく大きな隔りがあるように思います。

自分が（自分たちが）行ったこと、学んだことを、誰かに話したり、記録したり、実践したりしてみる。このサイクルを回していると、仕事への取り組み方や意識が変わってきます。出力することが前提になりますから、一つひとつの仕事の意味を考える癖がついてきます。

　出力方法にもいろいろありますが、私は記録が重要だと考えます。

・記憶は風化するが、記録は財産になる

　記録は本当に財産になります。
　記録した時点で脳が仕事をふりかえることにもつながります。

2　どうやって記録するのか

　記録にもいろいろな方法があります。

　私の場合は、PCのWordやメモ帳を使って文書で記録することが多いです。紙のメモ帳をポケットに忍ばせておき、手書きでメモを残しておくこともあります。視覚的な情報として残したいときには、デジタルカメラで写真を撮って残します。いずれにせよ、いつでも記録できる環境をつくっておくことが重要です。

・職員室、自宅、教室、どこにでもノートを用意する
・小さいメモ帳、ペンを持ち歩く
・デジカメを持ち歩く。文字よりもわかりやすいことが多い
　（ホームページ作成用に役立つ）
・PCをいつでも使える状態にしておく。メモ帳やWordを開いた状態

　記録したものを、内容ごとに分けていた時期もありましたが、管理が大変になりました。今では、仕事のふりかえり、実務に関すること、日々の気付き、学び、子どもの姿など、時系列でひとまとまりにしています。一度記録しておけば、頭の片隅には残るので、後で検索するときも容易です。紙の記録などは、紛失等には注意を払う必要があります。

日々の仕事へのモチベーションを高めるためには？

実務をシステム化。生まれた時間を自身の時間に
○実務を続けられるシステムにすることで、本当にしたい仕事もできる

1 自分なりの新しさを生み出す意識を

みなさんの多くは、「子どもたちのために」「よりよい授業で子どもたちに力を」という思いをもって、教職に就いたことだと思います。

教務主任になると、子どもたちと直接関わる機会が減少するため、「自分の行っている仕事が、どう子どもたちのためになっているのだろう」と自問自答することもあるかもしれません。

ただ、これまでの章で述べてきたように、教務主任の仕事ぶり次第で学校運営が円滑に進んでいきます。学校運営が円滑に進むということは、その分、教職員が子どもたちと関わる時間が増え、それがきめ細かな指導や支援につながるのです。また、学校行事などを通して、1つの学級だけではなく、学校全体の子どもたちとつながることができるのも、教務主任の魅力の1つということも述べてきました。

つまり、考え方次第です。教務主任の仕事を俯瞰して見れば、すべてが子どもたちのためにつながっていると捉えることもできます。そうすれば、学級担任時代同様、場合によってはそれ以上のモチベーションをもって仕事に取り組むことができるでしょう。

教務主任として、「自分は○○こそは成し遂げたい」というものを1つもっておくのも、モチベーションを高めることにつながるでしょう。

書類のペーパーレス化やデータの共有化、会議の精選などの実務的なことでもいいでしょう。年間行事の再編成、地域と連動した学校行事の企画など、創造的なことを考えるのも1つでしょう。

ただし、常に学校経営計画との関連や、子どもたちのよりよい成長につながっているかという視点だけは外さないようにしましょう。

2　やる気に影響されない、続けられるシステム（習慣）をもつ

考え方次第と書きましたが、教務主任の仕事を俯瞰してみたり、学校を円滑に運営するためのよりよい案を練ったりするには、**考える時間も心の余裕も必要**です。そのためには、山ほどある教務主任の仕事を日々効率的に進めていくための工夫が必要でしょう。「今日はやる気が出ない」「なんだかモチベーションが上がらない」ということもあるでしょう。そんなとき、私が思い出すのは次の言葉です。

「やる気」という単語はできない人の創作した言い逃れの方策である
2019年1月「『意識』が脳を活性化する」池谷裕二先生講演会より

池谷先生は「できる人はやる気でなく、システムに従う」ということもおっしゃっていました。できる人はやる気になんか頼らない。「やる気に影響されない、続けられるシステム（習慣）をもつことが重要」と。

第2章で紹介してきたチェックリストや月間、週間スケジュールをどう組み立てていくかといった考え方も、「**続けられるシステム（習慣）**」にするための自分なりの工夫です。「何月になれば」「何日には」「何時になれば」と考えなくても、あらかじめ組んだシステムに従って仕事を進められます。そうして毎日の仕事を習慣化することで、考える時間も心の余裕も生まれます。それらの時間を、新しさを生み出すための仕事に使えると思うと、日々の仕事への意欲も高まっていきます。

健康管理のために
気を付けたいことは？

生活の中に、身体を動かすためのコアタイムをもつ
○パソコン作業を疲れにくくする道具をそろえ、気持ちもアップ
○業務内容に関連して身体を動かす機会（コアタイム）を設定する

1 道具をそろえて対応する

　教務主任になって2－3ヶ月経ったとき、身体のある部分に疲れや痛みを感じるようになりました。こめかみ、首、肩回りです。しばらく、痛みを感じながら毎日の仕事に取りかかっていました。

　身体に不調をきたすと、仕事に対する意欲も減退していきます。仕事を進める上で、何よりも健康管理が重要なことを改めて実感しました。このままではいけないと思い、あれこれ考えた結果、目の疲れからくる痛みだろうという結論に行き着きました。

　教務主任になって増えるのが、パソコンと向かい合う時間。

　担任時代は、子どもたちがいる間はほとんどパソコンを見ることがありませんでした。それが、1日のほとんどの時間、パソコン画面と向かい合うことになったわけですから、身体が対応できなかったのでしょう。

　そこで、購入したのが「ブルーライト対応メガネ」です。

　それだけのことでと思われるかもしれませんが、パソコン作業を行うときに、必ずつけるようにすると、目の疲れはマシになりました。

　ずっと同じ姿勢で作業することも多いため、パソコンを置く位置も重要かもしれません。自分の姿勢に合った「パソコン台」を用意するのも

お勧めです。健康管理とは関係がありませんが、モニターを接続して、スクリーン２台使いしている教頭がいました。仕事の効率がアップするだろうなと思っていつも見ていました。自分が再度教務主任をすることがあれば、ぜひやってみようと思っています。キーボードやマウスも、長時間の作業でも疲れないように、いろいろなタイプが出ています。道具にこだわることも、健康管理につながるかもしれません。

2 コアタイムをもつ

逆に、教務主任になって減るのが、**運動量**。

担任時代は、体育の時間に子どもたちと一緒に運動したり、教室移動で階段の上り下りをしたり、１日中身体を動かしていました。それが、座って作業する時間が増えるわけですから、必然的に運動量は減少します。減る運動量に反比例して、体重は増えます。

そこで、意識して身体を動かす時間をつくることが必要です。

第２章６節pp.60−61「オリジナルToDoリストを作る」で述べたような１日のルーティンの中に、**5分間でもよいのでコアタイムをつくって、意識的に身体を動かす時間を確保**しましょう。

・校内巡視
・職員室の清掃、整理整頓
・掲示物の貼り替え
・運動場の環境点検

１日の歩数を毎日確認しておくと、身体を動そうという意識が働き、グッと運動量も増えます。ある仕事に集中し過ぎると、作業効率も低下してきます。５分間身体を動かすことが、リフレッシュにもなります。

仕事と関連して、身体を動かすことができるコアタイムを、１日のルーティンの中にも組み込んでいきましょう。

保護者の涙

苦労が一気に吹き飛んだ瞬間

　教務主任として務めた学校から転勤することが決まり、迎えた最後の勤務日。3月31日のことです。

　勤務校では、年度末に子どもたちや保護者、地域の方を交えて離任式が行われていました。

　教職員やPTA役員の方への挨拶を済ませて、お世話になった校舎内にも挨拶をして回っていたときです。正門に行くと、ある保護者が待っていてくれたのです。私が教務主任をしているときに、学校行事や地域行事を通して、多くの関わりがあったお父さんです。100周年式典という大きな行事へも尽力いただいており、子どもたちのこと、学校のことを共に考えてきたチーム学校の一員でもありました。

　お世話になった感謝の気持ちを言葉で伝えようとパッと顔を上げたとき、そのお父さんの涙が目に映りました。

　修了式や卒業式の日に、子どもたちと涙して別れたことはありましたが、保護者の方の涙にはグッと胸にくるものがありました。

　そのとき交わした言葉は、ごくごく僅かなものでした。でも、言葉がなくても、そのお父さんの涙でお互いの思いは伝わったと思っています。教務主任時代の苦労が一気に吹き飛んだ瞬間でした。

　教務主任の経験を通して、**学校は見えないところで多くの方に支えられている**ことに気付くことができました。

　今度は、その気付きを子どもたちに伝えていくことが自分の役目です。

参考文献・オススメ書籍

【教務主任の実務が学べる】

翠 誠治（2000）『教務だより100』一莖書房

教育活性化研究会編（2000）『新しい教務主任の役割と実務 −学校教育活性化75のポイント』東洋館出版社

淺田憲正（2004）『ここは学校です　教務主任の一年』アットワークス

佐藤幸司（2013）『実務が必ずうまくいく：教務主任の仕事術55の心得』明治図書

寺崎千秋編（2016）『すぐ役立つ 教務主任実務ハンドブック（必須102項目を実務・事例・法令から解説)』教育開発研究所

草野 剛（2021）『いちばんわかりやすい　教務主任の全仕事』明治図書

喜名朝博編（2024）『2024・2025 教務主任の仕事A to Z：楽しくやりきる90のコツ』教育開発研究所

【教務主任の仕事に生かせる考え方が満載】

向山洋一・根本正雄（1987）『向山洋一の学校論 −教育課程論−』明治図書

斎藤喜博（1990）『学校づくりの記』国土社

野口芳宏（1998）『野口流・硬派の学校づくり論』明治図書

岡本薫（2006）『日本を滅ぼす教育論議』講談社現代新書

鈴木健二（2010）『教師力を高める授業づくりの基礎となる20の視点』日本標準

山中伸之（2014）『忙しい学級担任のための学校行事のダンドリ術』学

陽書房

苫野一徳（2019）『「学校」をつくり直す』河出新書

澤井陽介（2022）『できる評価・続けられる評価』東洋館出版社

田中博史・河内麻衣子編（2022）『学校が変われば、授業が変わる！
　　新しい研究授業の進め方』東洋館出版社

内田　樹（2022）『複雑化の教育論』東洋館出版社

【仕事の心がまえや考え方を学べる】

相田みつを（2000）『にんげんだもの逢 新版』角川文庫

東井義雄（2008）『10代の君たちへ 自分を育てるのは自分』致知出版社

有田和正（2009）『教え上手 "自ら伸びる" 人を育てる』サンマーク出
　　版

渡辺奈都子（2012）『はじめての選択理論 人間関係をしなやかにするた
　　ったひとつのルール』ディスカヴァー・トゥエンティワン

平 光雄（2014）『究極の説得力 人を育てる人の教科書』さくら社

鳥原隆志（2015）『トップ１％に上り詰める人が大切にしている 一生使
　　える「仕事の基本」』大和出版

齋藤 孝（2016）『恥をかかないスピーチ力』ちくま新書

池谷裕二（2017）『パパは脳研究者：子どもを育てる脳科学』クレヨン
　　ハウス

藤原和博（2018）『45歳の教科書 戦略的「モードチェンジ」のすすめ』
　　PHP研究所

出口治明（2019）『知的生産術』日本実業出版社

ダニエル・コイル（2018）『THE CULTURE CODE –カルチャーコー
　　ド– 最強チームをつくる方法』かんき出版

野口芳宏（2024）『教師人生を楽しむ』さくら社

「自信を」。あなたなりの教務主任像で学校を動かす

　教務主任時代のことを思い出しながら、本書を書き進めてきました。ふりかえってみて、改めて思うのは「人に恵まれてきた」ということです。同僚、子どもたち、保護者、地域、多くの方に助けられ、支えられて教務主任を務めることができました。教務主任を務めた学校を離れるときの挨拶では、その思いを伝えたことを覚えています（記録しています）。

「本当に自由にのびのびと好きなように学校生活を送らせてもらいました。私が自由ののびのびできたということは、その裏でご苦労された方が多くいらっしゃるはずです。たくさんの迷惑もかけてきたと思いますが、今日でご破算ということでお願いいたします。私は本当に人に恵まれています。最高の仲間に囲まれて、共に仕事ができたことはうれしく思っております。また新天地で、しっかりと仕事をしていくことが恩返しだと思い、がんばってまいります」

　数多くのミスや失敗もしてきました。当時の管理職や教職員には、さまざまな面でサポートしていただき、本当に今でも頭が上がらない思いです。そんな自分が、教務主任の本なんて書いていいのか、おこがましいのでは、という思いもありました。

　ただ、私には膨大な記録がありました。ちょっとした言葉の行き違い、書類の不備、段取りの漏れなど、教務主任のミスや失敗は学校全体に大きな混乱を招くことになります。「たったこんなことで……」ということが多くありました。**教務主任の仕事が学校全体に与える影響力は大き**いのです。そうしたミスや失敗を繰り返さないように、日々行った仕事、発した言葉、マニュアル作成など、ありとあらゆることを記録していました。それは私の大きな財産になっています。

【コラム】「保護者の涙」で紹介したお父さんが、アパレル関係の仕事をされていたとお聞きして、冗談半分で「今の私にオススメのファッションを教えてください」と聞いたことがありました。そのお父さんの返答が「自分で自信をもって選んだものであれば、それが一番のオススメです」でした。この考え方は私の生き方の指針の1つになりました。

　【コラム】「あなたはどのタイプの教務主任！？」でも書きましたが、教務主任を任されたあなたは何かをもっているということです。

　ぜひ、それを生かして、あなたなりの教務主任像をつくってください。

　私が、唯一誇れることが記録でした。教務の実務について、管理職の動き、教職員からのサポート、子どもたちの発言、保護者・地域との会議でのやりとり、すべてを記録してきました。**具体的事例で書き記したことは、次にそのまま資料として使えるものとなりました。**

　本書もその具体的事例を中心に、教務主任の仕事について述べてきました。書ききれないことも多くありましたが、教務主任になったばかりの当時の自分に、「この本があれば大丈夫」と渡してあげたい思いです。理論ももちろん大事ですが、今学校現場で困難に直面している方にはきっと役立つ内容であると自負しています。

　本書が、多くの教務主任の方のお役に立つことを願っています。

　最後になりましたが、本書を書き進めるに当たってご尽力いただいた編集者の畑中潤さん、唐本信太郎さんに感謝申し上げます。そして、いつも私の実践について批評してくれる教育サークルREDS大阪のメンバーにも感謝の気持ちでいっぱいです。教務主任時代の同僚、子どもたち、保護者、地域の方々にも思いを馳せながら本書の幕を閉じたいと思います。最後までお付き合いいただいた読者のみなさまにも感謝を申し上げます。

2025年3月　牧園浩亘

牧園 浩亘 （まきぞの・ひろのぶ）

大阪市公立小学校教諭

1981年鹿児島県生まれ。大阪教育大学卒業。大学卒業後、4年半の社会人経験を経て、小学校教師に。毎月開催しているサークル例会は、370回を数える（令和7年3月現在）。国語、道徳、学級経営、仕事術を中心に学んでいる。

〈研究分野〉
国語教育、道徳教育、学級経営

〈所属学会等〉
教育サークルREDS大阪代表／日本国語教育学会会員／日本授業UD学会会員　授業UD教育士（国語）／新しい道徳授業づくり研究会（SDK）会員／実感道徳研究会会員

教務主任の仕事

2025（令和7）年3月10日　初版第1刷発行

著　者：牧園浩亘
発行者：錦織　圭之介
発行所：株式会社　東洋館出版社
　　　　〒101-0054　東京都千代田区神田錦町2-9-1
　　　　　　　　　　コンフォール安田ビル2階
　　　　代　表　TEL 03-6778-4343　FAX 03-5281-8091
　　　　営業部　TEL 03-6778-7278　FAX 03-5281-8092
　　　　振　替　00180-7-96823
　　　　U R L　https://www.toyokan.co.jp

装　幀　水戸部 功
本文デザイン・組版　株式会社明昌堂
印刷・製本　株式会社シナノ

ISBN978-4-491-05766-8　　　　　　　　　　Printed in Japan

JCOPY 〈（社）出版者著作権管理機構 委託出版物〉
本書の無断複写は著作権法上での例外を除き禁じられています。複写される場合は、そのつど事前に、㈳出版者著作権管理機構（電話03 -5244 -5088、FAX03-5244-5089、e-mail：info@jcopy.or.jp）の許諾を得てください。